90日で手に入れる

「余白」のある暮らしのつくり方

みしぇる

発売　小学館
発行　小学館クリエイティブ

あなたがしたい暮らしのかたちは？

望みを明確にして、それを叶えるための余白をつくろう

質問を読んで、自分の望みは①と②の
どちらなのか近い方を選んでみてください。

Q1 使っていないモノが家のなかにたくさんあふれているときのあなたは？

1. 少しずつ手放して、スッキリとした空間で生活したい
2. 問題なし。もしくは見てみぬふりをして生活する

Q2 子どもの思い出のモノを保管しているが、取り出す気にならないほど大量にあるときはどうする？

1. 子どもとの「これから」の生活を重視して、量を減らす
2. どんなにぎゅうぎゅうでも思い出だからすべて取っておく

Q3 以前の趣味のモノが収納を占拠しているときはどうしたい？

1. 「今」好きなことを大切にしたいから、思いきって手放す
2. また使うかもしれないから、すべてキープ

Q4 掃除や片付けがとても面倒くさい。クリアな空間を保てない。どう感じる？

1. モノを減らして、サッとシンプルにきれいにできる部屋をつくって気楽に来客を迎えたい
2. 散らかってはいるが気にならない。家族も居心地よさそう

Q5 毎日予定がぎっしりで忙しい。どちらのスタイルが好み？

1. スケジュールにゆとりがあって、毎日趣味やリラックスの時間をちゃんと取れる生活にしたい
2. 休みはとくにいらない。家事、育児、雑事、仕事……。ぎっしり詰め込みの毎日でOK

Q6 悩みがあってそのことで頭がいっぱい。どう対処する？

1. 息抜きや気分転換の時間を設けて、心にも余白を持ちたい
2. 気になって仕方ないから思考を働かせ続けたい

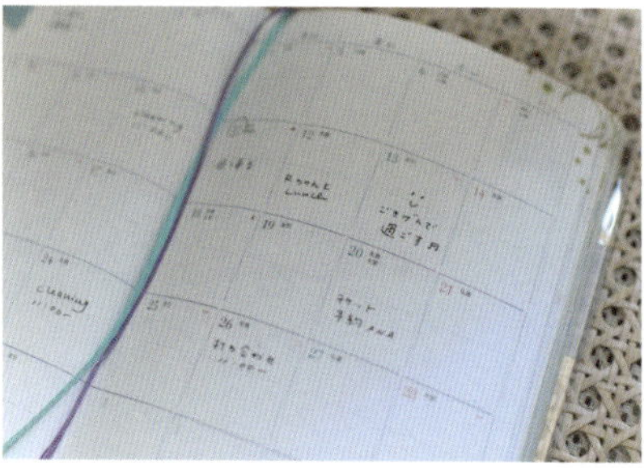

どう暮らしたいかは人それぞれで、どちらが正解ということはありません。自分と家族が平穏に暮らせているなら、それでOK。けれど**もし①が多いという方は、暮らしに「余白」をつくることで解決するものばかりです。**

本書でいう余白というのは、「家の余白」「心と体の余白」「時間の余白」のこと。大きく前述の3つに加えて、さらに「家事の余白」についてお話しするページを設けました。

1日2ページずつ、「今日はこんなことをやってみては？」とご提案。気になるページから開いて、ぜひ実践してみてください。3カ月後には、暮らしに「余白」が生まれ理想の生活に近づいているかもしれません。

CONTENTS

ICON
家の余白　心と体の余白
時間の余白　家事の余白
→詳しくはp14参照

掲載されている情報は、取材時(2024年7月)のものです。
掲載されている商品は、すべて著者の私物であり、どこで購入したかを記載しているものでも現在は手に入らない場合があります。

はじめに

私は片付けが苦手です。

今でこそ暮らしに関する発信をしていますが、昔は人を家にあげられないほど散らかった部屋に住んでいました。雑貨や100均が大好きで、どんどん買ってはさらにモノでぎゅうぎゅうの環境を生み出していたのです。スペースのゆとりがないことで、暮らしがスムーズに回らず生活自体のゆとりも失っていました。すると当然、心のゆとりもなくなっていきます。自分が「何を大切にしたいのか」「どう生きたいのか」が埋もれてしまい、心にモヤモヤを抱いたまま暮らす日々。

本当は必要なモノしかない、余白の大きい空間がいかに快適かを私は知っているのです。私の実家は山形の禅寺で、何もない本堂の空間は体も心も安らげてくれました。

「自宅をあの本堂のようにしたい」。その思いで始めたのが、「1日1捨て」です。片付けベタな私でも、たくさんのモノのなかからひとつ選んで捨てるくらいならできるから。ひとつだけなら、毎日続けることができるから。

それはモノだけでなく、日常のさまざまな事柄にも活きてくる考え方だと感じています。

わが家は、18歳の長男、16歳の長女、13歳の次男、海外赴任中の夫という構成。私のワンオペ期間もだいぶ長いものになりました。成長した子どもたちは手のかからない年代になりましたが、それでもひとりで3人を気にかけ、お弁当をつくり、学校の行事の準備や手続きを担うのは大変。そんななかで大事にしているのは「自分のことも大切にする」ということです。

家事を完璧にこなすというより、抜けをつくって自分を追い詰めないようにする。予定をぎっしり入れるのではなく、どうにでも動ける時間のゆとりを持つ。いい母親でいなければと心にむち打つことなく、まずは自分の心地よさを追求する——。

モノと同じく急にすべてを減らすのは難しい。だからモノの「1日1捨て」と同様、さまざまな事柄に余白を持てる行動を「1日1つ読んで実践」するのはいかがでしょう。

禅の言葉には、「吾唯足知（われただ、足るを知る）」というものがあります。持っているもので十分に足りていると気づくこと。「一行三昧（いちぎょうざんまい）」という言葉もあります。先のことを気にしすぎず、今ここに集中すること。

そんな心の在り方でいると、過去に囚われて手放せないモノや、未来の心配のために持ちすぎているモノやコトが自然と「なくても大丈夫だな」と思えるようになっていきます。禅は、心が思い込みや執着に囚われず、持って生まれたままのきれいな心で生きるために生まれた教え。もしそんな心に立ち返れたら、ゆとりのある心と環境を持って生きていける気がします。

モノも気持ちもご縁も、余白がなければ新しいものは入ってきません。この本では、さまざまな方面から余白を生み出すご提案をしています。読み進めるうち、新たなモノの持ち方への視点や、より快適な暮らし、そして家族との繋がりのヒントに出会えたなら幸いです。

【アイコンの見方】

家の余白

世界で一番休まる場所にしたいのが自分の家。とはいえ生活の場所だからこそ、いろいろなモノが増えて管理が大変になりがち。モノの手放し方、快適な部屋のつくり方など、空間の余白をつくるためのポイントをあげています。

心と体の余白

心にゆとりを持つために、意識しているのはとてもシンプルな視点です。いつも心地よい方へ、望む方へフォーカスを向けること。また、体に余裕を持つために、運動と栄養に毎日気を配っています。

時間の余白

時短は無理をしなくても、モノが少なくなれば自然と叶います。今という大切な時間をかみしめ、有意義にするための考え方もご紹介。あえてスケジュールをぎっしり埋めず、必要に気づいたらすぐ動けるゆとりは持っていたい。

家事の余白

家事をなるべくラクに、楽しくする工夫を集めました。好きならいくらでも、そうでもないなら最低限を。完璧は疲れてしまうから、そこそこで花丸。それでも苦手なことは思いきって手放して、余白を生み出しています。

90日間、1日2ページずつ読んでいきましょう

暮らしをいっぺんに変えるのは大変ですが、
ひとつずつならきっと大丈夫。
たったひとつの小さなことでも、
90日続ければ90の余白が生まれます。
ご自身のお部屋や状況と照らし合わせて、
小さいようで大きな一歩を踏み出してみてください。

今の気分に合わせて、
好きなページを読んでもOK！

DAY 1　1日1つモノを手放す

スッキリ暮らしたいのに、雑然とした部屋のどこから手をつけていいのかわからない。すべてのモノを整理すべきなのに、気が重くて取り掛かれない。こんな悩みを抱えた方は多いと思います。

どちらも、知恵や根性が必要でハードルの高いこと。けれども実は、多すぎるモノを減らすのに知恵も根性も、努力もいりません。

大切なのは、手放しやすい仕組み。モノは毎日家のなかに入ってくるので、毎日排出していく“習慣”が必要なのです。

おすすめするのは、「1日1捨て」。部屋のなかを見回して、「これはもう使っていないな」「いらないな」というモノを探して捨てていきます。売るのであれば、場所を決めて貯め、複数個になったところでまとめて処理しましょう。

捨てるモノが見つからないときは、レシート1枚でも大丈夫。画像データでもかまいません。ハードルを下げることで、1捨てを止まらず続けることができます。続けるうちに、家のなかのモノに対して「使っているかな」という目線を持てるようになっていきます。

フリマアプリで売れたときは、なるべく即日発送でモノを早めに排出。梱包材は再利用して、なるべくお金をかけないように。

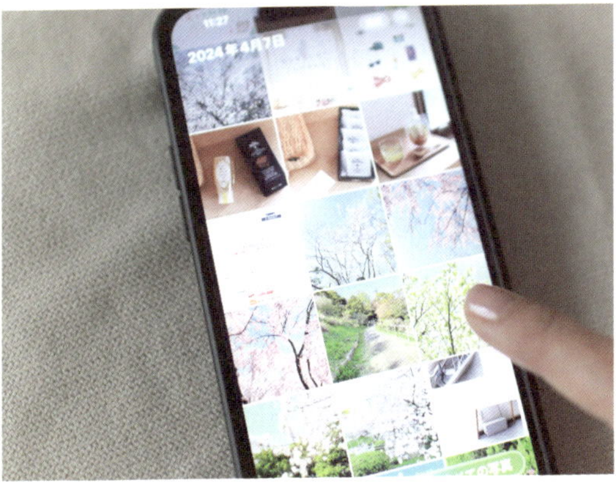

毎日写真を撮っているので、不要な画像はこまめに削除。

今日はこれ!

さしあたって、今日手放せるモノを見つけてみよう。
大事なのは習慣だから、小さなモノでもOK。

DAY 2 「どうしようかな……」と迷うモノは捨てる

捨てようか、捨てまいかと悩んだモノは、基本的に手放すことにしています。

だって、本当に必要なモノであれば「どうしようかな」なんて考えることすらないから。スマホを捨てようかとか、冷蔵庫どうしようかな、とはなりませんものね。

それでも迷ってしまうモノは、収納の奥の方にしまい込んで眠らせてみましょう。1年もそのままなら、やっぱり使わないモノなんだとハッキリします。生活するスペースに置きっぱなしだと、ほかのモノに紛れてそのことに気づきにくい。また、モノが減らずに雑然とした状態が続いてしまいます。

毎日手放していると手放すことが上手になっていくように、「いるかいらないか」の判別を何度もしていれば、1年寝かせる必要もなくパッと見てわかるようになっていきます。

そんな決断力がついていくのと、部屋がスッキリしていくのは、きっと同時進行。私もまだまだ、モノと向き合っては要不要を見極める経験を重ねて、日々鍛錬しています。

使用頻度の低いモノは食器棚の奥に置いています。期限を決めて、一定期間使わなかったら手放し。

棚に置いているのは、すべて一軍の食器。

今日はこれ！

「どうしよう」と思うモノをひとつ、手放してみよう。
もしくは生活の舞台から降ろしてどこかに寝かせてみて。

DAY 3 3大「もったいない」に引っかからない

明らかに使っていないのに、手放すことができないモノってありますよね。「それでも大事」とハッキリしているならいいのですが、あいまいなまま取っておくのは問題の先送り。だいたい、以下3つの「もったいない」で手放せないのではないでしょうか。

「モノは大事に。手放すなんてもったいない」

でも実は使わないモノに費やすスペースや管理の手間の方がもったいないのです。使わないモノのために、使いたいモノが取りにくいならむしろマイナス。

「いつか使うかも」

いつかが来る可能性は、ほとんどありません。もし何年か後に使う機会が来たとしても、きっとよりよい商品、そのときの自分に合ったものがあるはず。

「高かったから」

モノは買った時点からどんどん価値が落ちます。高かったモノならなおさら、早いうちの方が高値で売れます。「使わないモノにお金を使ってしまった」後悔と向き合うことには勇気がいりますが、自覚して次の買い物に活かす方がよほど財産に。私も失敗したときはそう心がけて、今も学びを続けています。

取れない!
「手放すなんて
もったいない」
↓
使いたいモノが
取れないなら
マイナス!!
「いつか使うかも」
↓
いつかが来ることは
ほとんどない!!
Summer
OLD
NEW
こっちは
捨てよう
今はこっち
かな
高く売れた!
購入
されました!
「高かったから」
↓
次に活かして
サッサと手放す!

今日はこれ！

「もったいない」と捨てられなかったモノとまた向き合ってみましょう。時間とともに執着心も変わります。

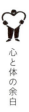

DAY 4 自分にポジティブな言葉をかける

たとえば腰が痛いとき、つい「痛い痛い」と口から漏れてしまいます。言った方がラクな瞬間もありますが、ただあまりにそればかり言っていると痛さに集中しすぎてしまいます。不調があるときこそ、「今日はあのドラマがあるな」「来週のランチ楽しみだな」とプラスなことを口に出すようにしています。

寝足りなかったなあという朝でも、起きたら「ああ休まった！」と言葉にすると気分が変わります。脳がだまされるのか、疲れから焦点が外れる感じ。愚痴ったところで現実は変わらないから、それならば嘘でも「ぐっすり寝たわ」と言ってみるのです。もちろん、その日は早く寝るなど対処は怠らず。

禅の言葉に、「壺中日月長（こちゅうじつげつながし）」というものがあります。壺のなかですら、心の持ちようで狭くも広くもなるという教え。

“考え方次第”は視野を広げてものごとを多角的に見る練習にすらなると思います。いやなことはさておき、「さーて！」と次のことにフォーカス。ひとりごとでも、誰かに言っても、心のなかだけでもOK。ノートに書くのもおすすめです。

まずはポジティブな言葉を言ってみる!

今日はこれ!

ごきげんいかがですか？　今日はどんな日ですか？
いいこと、楽しみなことを口にしてみましょう。

DAY 5　流れる時間を形に留める

40代に入ってから、四季の移ろいや子どもの成長が加速度的に早くなっていると感じます。それは毎日が充実しているからこそですが、早すぎて焦りも感じてしまいます。

そこで、スマホで写真を撮り、流れていく時間を形に残すことにしています。日記をつけるような感覚で、写真を見返せば確かな「あの日」の存在がよみがえってくる。時間はなくなっていくのではなく、積み重なっているのだなと実感します。

撮るのはだいたい、散歩中の景色、庭の草花、ティータイムのひとコマ、子どもたちの姿など。何気ない日常のなかにも、残しておきたいような瞬間がたくさんあることに気づきます。

とくに写真管理の工夫などはしていないのですが、ふと「1年前」「10年前」と題された昔の写真がスマホに表示されるのを楽しみます。いつも「今」を生きていたい思いがあるけれど、過去を慈しむこともまた、今を大事にする材料に。この瞬間を未来の自分がかみしめることを思えば、今の愛しさはいっそう増していくのです。

家から徒歩5分のところにあるお気に入りの散歩コース。夏にはカブトムシやクワガタも見られます。休みの日に子どもたちと4人で散歩しながら、色々なことを語り合うのが楽しみ。

子どもの成長は早いもので末っ子（次男）は中1に。未だに公園の遊具で遊びたがる姿を見るとほっこり。時間の余白ができたおかげで、子どもと過ごす時間をたくさん持てるようになりました。

今日はこれ！

外でも家のなかでも、ふとした「いいな」を写真に収めてみて。撮影の腕も上達しそう。

DAY 6 愛でる時間を持つ

お茶が好きなのでティーカップは多め。そのすべてをローテーションでちゃんと使うようにしています。手に取るときは、「この柄好きだなあ」「この色、お茶がおいしそうに見えるなあ」とじっくり愛でる。モノを購入するときは、こうして愛でることができるように、使うときはもちろん「見えるだけでうれしい」と思えるモノを選ぶようにしています。

どんなに慣れ親しんだモノだとしても、使うときには折に触れ「ああかわいい」と愛でる。それだけで、器なら中身がよりおいしく感じられるし、服ならいい気分で出かけていける。人生の幸せ度が上がるような気がします。

さらには、愛でる時間を持つことで、どうでもいいようなモノを買う気が起きなくなりました。「これはそんなに愛せないな」とパッと見て判断できるように。おかげで今では、しまい込んで使っていないというモノがほぼない家になりました。家にあるのはほとんどすべてが“一軍”のモノに。物量が多すぎてお気に入りすら埋もれて見えなくなっていたころに比べると、ずいぶん大きな幸せを手にできたと感じるのです。

お茶の時間は私にとって疲れや思考のモヤモヤをリセットする時間でもあります。忙しいときこそ一度立ち止まって、手にしているモノや目の前にあることを、味わい愛でるのを日々の習慣にしています。

お茶を飲みながら、あれこれ書くのが好きです。自分がいい気分になれること、たとえば感謝だったり、夢や目標だったり、旅のプランだったり……。書くことで心と暮らしを整えることができます。

今日はこれ!

今着ている服、使っているマグカップ、お茶碗など「これ好きだなあ」と改めて感じてみてください。

DAY 7 家族はこうあるべき！を手放す

少し前までごはんは家族でそろって食べるようにしていました。私が子どものときもごはんに呼ばれたらすぐに行くルールだったからです。何度呼んでも来ない人はごはん抜き！　というほど厳しいものでした。

けれど息子が友だちとオンラインゲームを楽しんでいるときに、無理に合わせさせるのも違うかなと感じたのです。べつに、ごはんのときだけがコミュニケーションの場なわけではない。家族はよくリビングに集って、ゴロゴロしながらおしゃべりを楽しみます。もう、「絶対に一緒に食べるべき」は手放しました。「呼んでも来ない」ストレスともお別れです。

子どもたちは成長し、食事を強制しなくてもさほど支障はなく、「今はお腹空いてない」ということは誰しもあるでしょう。もともと外食のときに「和食チーム」「イタリアンチーム」で分かれるときもありました。無理に合わせる必要はないという考えです。

母親は、家族から求められることが多すぎるがために、こちらの言うことが通らないととても理不尽に感じてしまいます。でもそこを基準に子どもをコントロールしようとすると、きっとうまくいきません。

子どもたちにも手が離せない
時間や事情があるものです。

今日はこれ!

一度子どもを「よそから預かっている子」として扱ってみましょう。大きくなったらそれくらいでちょうどいいのかも。

DAY 8 収納グッズは安易に増やさない

片付けをするために、とりあえずで収納用品を買い足すのはNGだと感じています。人は、収納スペースがあるとつい、なかを埋めたくなるものだから。スッキリへの近道は、やっぱりモノを減らすこと。収納用品もしかりです。

そもそも、モノが少なければ収納の工夫はいりません。収納アイテムもそれほどたくさんは必要なくなります。増やしてしまう前に、根気よく「1日1捨て」を続けてみましょう。すると自然と、収納用品の余るところが出てくると思います。

私も、大好きな無印良品の収納グッズを少しずつ手放し、かなりの量を減らしました。愛着があり手放すハードルが高かったので、しばらく陰で眠らせて、「使わなくて済むな」と納得できてから。

もし、片付けの最中に「とにかく今ここに箱が必要」ということがあったなら、買ってくるのではなく家のほかの場所で使っている収納用品を使い回してみてください。家のなかをよく見回してみれば、不要なモノだらけの収納が見つかるはず。「グッズ不足」ということはあまりないと思います。

以前は6つの棚すべてにバスケットを置いて、さまざまなモノを詰め込んでいましたが、「1日1捨て」でモノが減り、下段3つの棚に余白が生まれました。

アクセサリーケースを手放して、ピアスやネックレスなどのアクセサリーは引き出しのトレイにざっくりと収納。黒いトレイならゴールドが引き立ちます。

今日はこれ！

余っている、もしくは不用品に費やされている
収納グッズをひとつ手放してみよう。

DAY 9 モノを減らすと お金が貯まる

100円ショップが大好きだったころ、いつの間にかそこで3000円以上使ってしまうことがままありました。さほど考えずかごに入れ、安いはずが散財です。

かごのなかには、「かわいい！」と感じたちょっとした飾りなど、必需品ではないモノも。けれど家に帰って見てみれば、当然値段相応の品質です。結局飾ることもなく、ムダなお金を使っていたのです。

「モノは極力少なく持つ」と決めた今となっては、手放すことより大切なのが「買うときの厳しい目」。それが本当に使うモノか、本当に好きなモノかどうかをじっくりと時間をかけて選びます。

最近では店頭で「いい！」と手に取っても、買わずに家に帰ってネットでもう一度吟味。使う場合のシミュレーションをして、口コミで検討した末に買います。

すると失敗買いはだいぶ減り、お金がいつの間にか流出していくようなことはなくなりました。

モノは好きなので、修行僧のようにストイックに買わないわけではありません。楽しむための人生だから、楽しみながら、自分がラクに管理できる適量のモノを持っていたいと思っています。

欲しいものがあっても一度立ち止まって考えてみましょう。

今日はこれ！

「安いから」で買うモノには疑いの目を。100均では
とくに、買い物リストになかった買い物に要注意です。

DAY 10 モノを減らすと時間が増える

たくさんのモノに囲まれていた10年前は、毎日のように探し物をしていました。子どもの提出物でも、仕事の書類でも、雑多なモノに埋もれて迷子になってしまうのです。ときには、家族を巻き込んで探し物の大騒動に。家族みんなに焦りと苛立ちを与え、時間を奪う。どれだけ不毛で不要な感情と時間を使ってしまっていたことでしょう。もったいなかった！

洋服にしても、多すぎて選択に時間がかかっていました。何かしようとしても、必要なモノをパッと手に取れず、探して持ってくるという事前の苦労が。そのうえ作業のためのスペースをつくる時間も必要でした。

人生は有限なのに、無用でストレスフルな時間に費やしたくはない。心軽やかに、したいことをパッとできる生活を目指したい。大切な人生の時間を奪われるくらいなら、使ってもいないモノを捨てた方がよっぽどいいと実感したのです。

10年が経った今は、1日が簡単でスムーズ。何に頭を悩ませることもなく、したいことだけに時間を使えるようになりました。私がしたことは、ただ、モノを減らしたことだけなのです。

子ども3人分の学校の書類は無印良品のフォルダに入れて、ファイルボックスに収納。学校のお便りやカレンダーなどは、不要になったらすぐに手放して溜まらないようにしています。

文具は数年で約6割手放しました。必要最低限のモノだけに絞って余白を生み、さらに取り出しやすい引き出しに。

今日はこれ！

探す、悩むの原因になるのはシンプルに物量。前回探し物をした場所からモノをひとつ減らしてみよう。

DAY 11 レベル1の手放しから始める

「1日1捨て」と言っても何から手をつけていいのかわからない、というときは「レベル1」のアイテムから手放していきましょう。明らかなごみ、壊れているモノ、期限が切れているモノなどを指します。

たとえば、レシート、段ボール、古いお茶や食品、カタログやチラシ、新聞雑誌、インクの切れたペン、欠けている器、もらいすぎたスプーンやフォーク、わりばしといったところ。

これならば、捨てることに抵抗がなく、すぐにでも家からモノをひとつ減らすことができます。どんなに小さいモノでも大丈夫。大切なのは、その習慣をつけることだからです。

「レベル2」に発展できたら、もうけもの。たとえば、たくさんあるボールペンのなかの1本、着る気のない古い服といったところでしょうか。

最後に来るのは、思い入れの強いモノ。ここに至れば、モノを減らす習慣もだいぶついてきたということ。「手放したくない！」とはっきり思えるモノは、無理せず大事に持っていましょう。続けられる、ということが最優先です。

今日はこれ！

食器棚から欠けた器を手放してみましょう。ちびた消しゴムやインクのないボールペンでもOKです。

DAY 12 寝る前にリビングを1分リセット

寝る前のたった1分。リビングに落ちているクッションやブランケットを拾い、ラグをまっすぐにして、テーブルの上の文具を定位置に戻す。

たったこれだけで、朝起きてきたときの気分が全然違います。1日を始めるにあたって、気持ちのいい出だしを切れることはとても大事。

1分ではとても整わない、という方は3分でもいいと思います。それ以上になると、寝る前の「ちょっとした片付け」を超えてしまうので億劫に。3分で整わないリビングなのはなぜかと原因を突き止めて、サッと片付けられる状態を目指したいですね。

きっと原因は、モノが多すぎるとか、戻す場所が遠すぎるといったところ。近場によく使うモノを置いておけるように、リビング全体の物量を減らすのが肝要です。寝る前のリセットに何分かかるかは、OKラインの目安になるかもしれません。

子どもが出しっぱなしのモノは、放り込んでおけるかごやボックスがおすすめ。わが家では子どもが小さいとき、ひとりひとつのリビング用ボックスをあてがって管理していました。

私はリビングは完璧に整えなくてもOKにしています。クッションとブランケットがあるべき場所に戻せればそれでいい。ブランケットはざっくりと畳みます。

夜のリビングリセットはすっかり習慣になり、考えなくても体が勝手に動きます。戸締まりをしつつ、クッションを拾って、定位置に戻す。その習慣のおかげで、毎朝気持ちよくフレッシュなスタートが切れます。

今日はこれ！

リビングリセット、何分かかるか、はかってみよう。
「案外短いな」と思えば続けられるかも。

DAY 13 筋肉をたくわえて、温活

体温は昔から高い方なのですが、冷え性でとても寒がりでした。ところが、運動習慣をつけてタンパク質をしっかり摂るようにしてから、あまり寒さが気にならなくなったのです。

今しているのは筋トレ、ストレッチ、歩いたり走ったりを繰り返すインターバルトレーニング。ウォーキングはずっと続けていましたが、それだけだと筋肉はあまりつかないんですよね。45歳を迎えてグッと衰えを感じたときに、筋肉をつけるための運動を始めたら、さまざまな問題が徐々に解消していきました。その効果の大きさにびっくりです。

血流がよくなって冷え性が改善し、代謝がよくなって肌の調子が上がり、疲れにくくなり、よく眠れて便秘知らず。頭も働き、アイデアも湧きやすくなった気がします。元気に満ちた今、体を根本から変えるとすれば、運動なのだと実感しました。

余談ですが、ウォーキングマシンに乗って一生懸命走る姿を子どもたちが隠し撮りしてきます。それどころか合成して、家じゅうの天井や壁を私が走り回る動画をつくったりします。やめて～（笑）

温活をしたらいいことづくし。

冷え性改善！
肌の調子アップ！
睡眠不足も解消！
頭の中もスッキリ！

今日はこれ！

部屋のなかでできる簡単な筋トレを、5回だけしてみましょう。やるたび、きれいに、健康になっていくはず！

DAY 14 洋服をイラストで管理する

持ち服のすべてを、イラストにしています。ルーズリーフ3枚を使って、「夏」「冬」「春秋」と分けています。季節ごとにすべての服の絵を描いて、どんなモノを持っているか一覧できるように。

以前は写真で管理していたのですが、イラストは簡略化するので特徴だけをパッとつかめるのがいいところ。色を付けるのは面倒なので、描いた服の下に「ピンクのカットソー」など特徴を補足します。黒いモノには斜線で軽く色付けするくらい。パイロットの消せるペン「フリクション」で描いているので、手放した服は消して、新たな服を空いたところに描いています。

このイラスト、買い物をするときにとても役立ちます。「複数のボトムスに合うかな」「すでに似たような服はないかな」と検討しやすく、“買ったのに結局あまり着ない”という服を生み出しません。

何より、描いているときは楽しい気分！ 気に入って購入した服だから、慈しんで着ることを楽しみたい。イラスト化はその助けとなってくれています。もしここにわざわざ描く気が起きない服があったとしたら、手放してもいい服なのかもしれません。

「1日1捨て」を始めたころから、洋服をイラストで管理するように。パッと見て何がどれほどあるか一目瞭然で、管理がラクになりました。

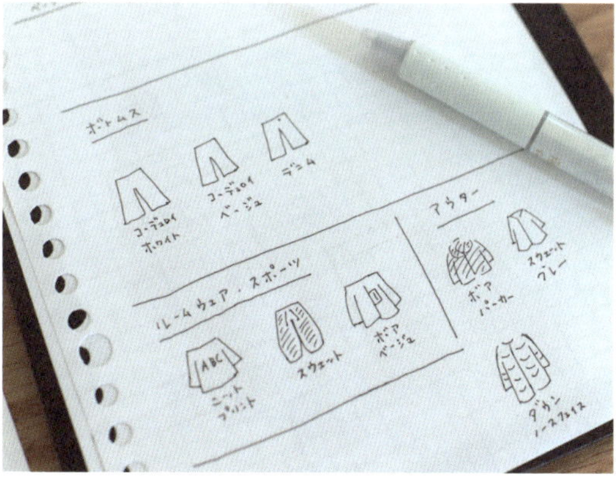

マルマンの「書きやすいルーズリーフ方眼罫〈A5〉」に、「フリクション」の消せるペンで洋服のイラストとタイトルを書きます。以前は色鉛筆で色付けをしていましたが、時間がかかりすぎるので白黒に。手放した服をサッと消せるのは便利です！

今日はこれ！

持ち服をイラスト化してみよう。タンスも頭のなかもスッキリです。難しければ、トップスだけでもOK!

DAY 15 冷蔵庫内を循環させる

冷蔵庫のなかは6〜7割の量に保つよう、定期的に整理しています。3〜4割の余白があれば、鍋ごと入れることもできるし、だいたいのものを棚の奥に追いやることなく管理できます。どんなにきれいに入れたとしても、奥に行ってしまうとどうしても古びさせてしまうから。できるだけ、棚の手前の手に取りやすいところに並ぶよう配置しています。

冷蔵庫に入れたいような食品は、新しいほどおいしく食べられるものがほとんどです。できればその日か次の日に食べきるのがベスト、というくらい。理想通りにはいかないけれど、せめてだいたいのものは食べきれるように、まとめ買いはしていません。毎日のウォーキングと組み合わせて、その日の分を目安に食料を買うようにしています。

とはいえ、最近は長男（18歳）も料理をするようになりました。以前よりも、材料をそろえて入れておく必要があります。鮮度が落ちかけている野菜が増えてきたら、カレーやスープにすべて混ぜ込み、栄養たっぷりの一品で消費するように心がけています。

わが家の冷蔵庫は奥行きがあるので、食材が迷子にならないように、なるべく前面に置くようにしています。毎日食べる卵やヨーグルトは少し多めにストックして。

汚れ防止のためにKINTOの木製のトレイを使っています。無機質な冷蔵庫内が木製トレイのおかげでナチュラルな雰囲気に。詰め込みすぎないことで掃除もラクになりました。

今日はこれ!

冷蔵庫を開けたときにモヤッとしたら整理の合図。
時間がなければ棚１枚、ドアポケットひとつだけでも。

DAY 16 やりたいことを可視化する

朝、「今日したいこと」を書き出しています。たとえばブログ執筆、筋トレ、首のストレッチ、瞑想など。大きなことから忘れてしまいがちな小さなことまで、習慣にしたいことも含めて可視化しています。

すると、できる確率が跳ね上がるのと同時に、夜見たときに「これだけのことをやれた日」という満足感があるのです。書かれていないときっと、「今日なんにもしてないな」なんて思ってしまうから。

書き出し方は試行錯誤している最中で、朝・昼・夜と分けたり、まとめて書いたり。分けるときには3食分の献立を簡単に書いておくこともあります。これも可視化することで、「小麦が多めだから明日は減らそう」「タンパク質が足りないから夜ごはんに卵を足そう」など栄養バランスを取ることに貢献。ときには思いついた服のコーデを描き加えることも。

この作業も、楽しくなければ続きません。簡単で負担がないこと、楽しむことがモットーです。ルーズリーフに書き出して、その日が過ぎたらごみ箱にポイ。焦点はいつも「今」なので、振り返ることはありません。記録というより、頭の整理と言えそうです。

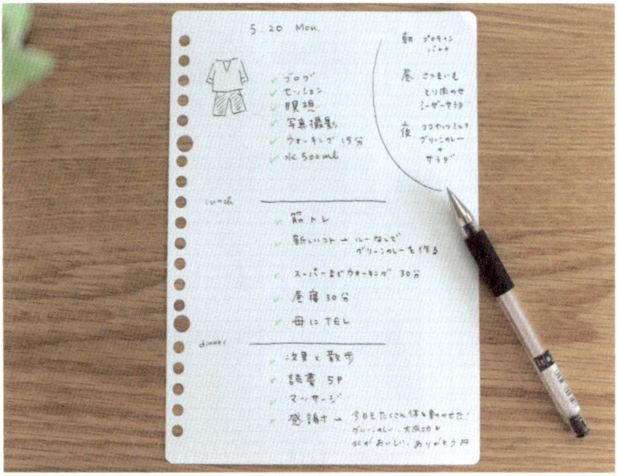

やりたいこと、習慣にしたいことなどをA5サイズのルーズリーフに毎朝書きます。書き続けたおかげですっかり習慣として身についたことが多々あります。書くことはこれからも続けていきます。

今年から「感謝」と「新しいこと」を書き加えました。感謝はつねにしたい……と思っていてもつい忘れてしまいがち。「新しいこと」はどんな小さなことでもいいので、普段やらないことや、前々からやってみたかったことを実践。

今日はこれ！

今日やりたいこと、ちょっとしたことでも書き出してみてください。その辺の紙切れでOK。

DAY 17 一時置きボックスをつくる

棚に大きめのかごを置き、「これいるかな」と迷ったモノの避難所にしています。このかごひとつあるだけで、日常使いの収納から「いるのかいらないのかわからないモノ」がなくなってスッキリ！ 迷ったらひとまずどかして、それらがない暮らしを試せるので、今の自分に本当に必要なモノは何かがより明確に。不要なモノへのアンテナも研ぎ澄まされていきます。

10個のうち7個を手放した無印良品の「壁に付けられる家具棚」(p164参照)も、この一時置きボックスを経由しています。なにしろ、お気に入りすぎてパッとは手放すことができませんでした。頭では「こんなにいらない」とわかっている。でも心が「大好き」と言う。それならば、とこのボックスに避難させて1カ月。自然と心が整理され、ただ置き場所を変えただけなのに棚を手放すことができました。

今入っているのは、余った収納グッズや使わないモバイルバッテリー、文具など。ここからフリマアプリに出品して、よそのお家に嫁いでいくこともあります。だいたい、3カ月も入ったままなら手放すというなんとなくのルールを決めています。

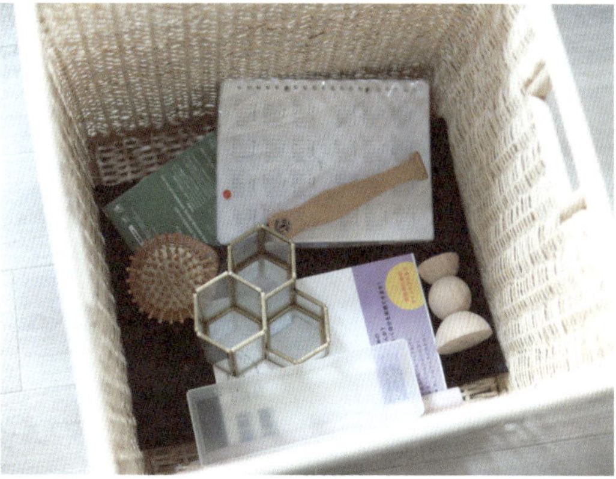

無印良品の「ブリ材角型バスケット」を一時置きボックスにして、捨てるべきか迷っているものを放り込みます。早いモノは1カ月、なるべく3カ月以内に手放すようにしています。

長年愛用したモノでも使わなくなったらその都度手放してモノを循環させる。モノはつねに家に入り込んでくるので「出すこと」を怠らないように心がけています。

今日はこれ!

部屋に散らばる「いらないかも……？」なモノをひとつの箱にまとめてみましょう。

DAY 18　うつむく時間を減らす

スマホやパソコンにべったりの現代のライフスタイルでは、どうしても長時間にわたって下を向きがちです。成人の頭の重さは4〜6kgもあり、しかも傾けるとその数倍の負荷が首にかかってしまうのだとか。大きいペットボトル飲料が3本も斜めに付いているのと同じ重量を、こんな細い首で支えているなんて！

私は仕事をスマホでしているので、うつむく時間が長く首や肩が凝って仕方ありませんでした。悪化させて、寝違えや頭痛、耳鳴りといった症状が出てしまっていたほど。

そこで、デバイスを使うときには目線の高さに置くことにしました。高さ調整のできるスタンディングデスクや、スマホスタンドを利用しています。ウォーキングをするときも、足元ではなく、遠くの景色や空を見て。

顔を上げるようにすると、自然と胸が開いて深く呼吸ができることを実感できます。取り入れる酸素量が増えたこともまた、頭スッキリ気分爽快の一因に。顔を上げることを意識し始めてから、頭痛や寝違えとは無縁の生活になりました。

仕事部屋にスタンディングデスクを設置して、仕事は立ったままこなしています。電動なのでボタンひとつで天板の高さを変えられます。長男も気に入って、最近は立って勉強をしています。

スマホスタンドは私だけでなく子どもたちの分も購入。スマホで動画を観るときも、なるべく目線の高さにすることで姿勢が悪くなるのを防ぎます。

今日はこれ!

今日は顔を上げてウォーキングに出かけてみて!
心も体もスッキリです。

DAY 19 「決めること」を習慣にする

いつも、朝一番に「今日すること」を決めています。すると、1日の流れのなかでいちいち迷いが生まれることなく、スムーズに過ごせるのです。

決めるのはたとえば、

・公園までぐるりとウォーキング
・野菜多めの料理をつくる
・午後の予定をきげんよく乗りきる　など。

こうしておくと、家事雑事で「次どうしよう」と滞ることもなければ、「面倒だなあ」と後回しにすることや、「そういえばアレも！」と慌てることもなくこなしていけるのです。

最初はノートに書き付けていましたが、今では慣れて頭のなかだけで決められることも多くなりました。

ポイントは、「楽しむ」をベースに考えること。タスクだけでなく、心の持ちようも一緒に決めておきます。だって人生は楽しむためにあるのだし、1日1日の積み重ねだから。気の重い予定でも、「楽しもう」と決めておくことによって、何かしらおもしろいことが見つかるかもしれません。心の持ちようで、1日はガラリと変わるのです。

運動を習慣にするために、普段からなるべく動きやすい服を選ぶようにしています。最近はadidasのテーパードパンツをヘビロテ。NIKEのエアマックスを履いてウォーキングしています。

春夏はなるべく野菜を生で食べ、秋冬は蒸し野菜を多く食べます。時間があるときはKINTOの鍋で、忙しいときはシャープの「ヘルシオ／ウォーターオーブン」で調理しています。

今日はこれ！

朝ノートに「今日すること」を書き付けたら、夜見返して「できたこと」にフォーカス。なかなかの充足感です。

DAY 20 鼻呼吸を意識する

コロナ禍のマスク生活以降、口呼吸が癖になってしまいました。きっと酸素不足を感じていたのだと思います。おかげで、寝ているときまで口が開くようで朝になると喉がカラカラ。口呼吸は風邪を引きやすくなったり、虫歯になったりとよくないことが多いのだそう。舌の位置が下がって歯並びが悪くなったり、周辺の筋肉が使われないことで顔がたるんだりと、美容の面でも一大事。

アメリカに住んでいたときも、舌を上あごに付けていることや、鼻呼吸の大切さはよく話されており、舌を鍛えるためのタッピングが推奨されていました。日本でも、「あいうべ体操[*]」が学校でも行われるなど話題になっていましたね。

少し検索すると、舌や口の周りを鍛えるたくさんのエクササイズ動画が出てきます。折を見てその体操をしたり、寝るときは鼻腔を広げてくれるテープを鼻に貼ったりして、鼻呼吸の習慣化を心がけています。

「やった方が体にいいとわかりきっている」ことには、できるだけ取り組み、健康のバランスを取りながら生きていきたいと思っています。

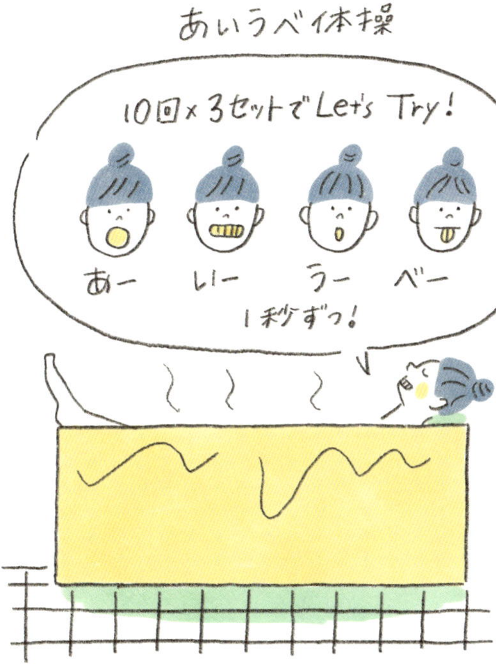

＊口呼吸を鼻呼吸に改善していくための、
口元の筋肉を鍛える体操のこと。

今日はこれ!

あいうべ体操を10回、家事や入浴をしながら試してみましょう。

DAY 21 見た目をよくするトレイマジック

家族それぞれの食事を、木製のトレイにのせています。キッチンからダイニングまで少し距離があるので、運ぶのがラクに。また子どもたちも、食べ終わった後キッチンまで自然と下げてくれるようになりました。

そしてなんといっても、見た目がよい。実は手抜きでも、ちゃんとつくった感が出ておいしそう。とある日は、「ごはん、汁、魚、副菜、サプリの小皿」にカトラリーをのせてワンセット。「このトレイにのっているものが自分の食べきるもの」という意識が出るのか、きれいに平らげてくれます。

管理の点でも、テーブルが汚れず、トレイは水でサッと流せばよいので清潔を保ちやすい。ランチョンマットを敷いていたこともあるのですが、シミが取れなかったり、洗濯でシワが付いてしまいやめました。

トレイはモノの収納でも活躍しています。バラバラに置けば雑然と見えても、トレイにのせるだけで「まとめてある」「居場所を与えられた大事なモノたち」となり素敵に映る。ここからはみ出ない物量、と上限も決まりますし、取り出しやすさにも棚板の拭きやすさにも貢献してくれています。

子どもたちの朝食はパンの日もあればごはんの日もあり。パンは玄米パンや全粒粉のパンを長年食べています。

毎日のティータイムでもトレイを愛用しています。さまざまなトレイを試してきましたが、今一番のお気に入りはKINTOの「プレイスマット 360×280mm バーチ」。食べているときに手が縁に当たらないし、木のナチュラルな風合いに癒されます。

今日はこれ！

今日のおやつは、トレイにのせて楽しんでみて。
お茶の時間の質が上がります！

DAY 22 来客用は最小限に

「しょっちゅう泊まり客がある」というお宅は少ないと思います。けれど、来客用のモノをお持ちの方はとても多いのではないでしょうか。

とくに来客用の寝具を持つと、大きく場所を失います。わが家も以前は3人分をそろえていたので、かなりのスペースを食っていました。以前は遠方から夫の両親が来ていたため、必要だったのです。ところが今は高齢のため来なくなり、来客用の寝具を使うのは私の母と、海外で単身赴任をしている夫くらい。いっぺんには来ないので、1組あれば事足ります。

最初は薄手の毛布や枕を「1日1捨て」で減らしていき、勢いがついたら回収業者に頼んで一気に手放しました。もしかしたら必要なときは来るかもしれない。けれどいざとなればホテルに泊まってもらってもいいし、世間には布団のレンタルサービスもあります。これなら布団を干したりという管理からも解放されます。

そのほかにも、食器やスリッパなどの来客用がこの1年でどれくらい使われたか振り返ってみてください。来るのかわからない誰かのためではなく、家族の今の快適な暮らしを優先したいものですね。

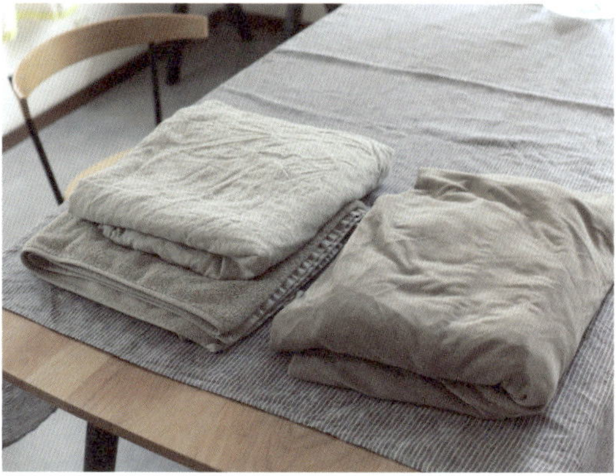

左：来客用のバスタオル、リネンのシーツ（春夏）、右：マイクロファイバーシーツ（秋冬）。来客用はわかりやすくベージュで統一しています。

トレイは家族の分だけ。来客用はなし。p57でも紹介したKINTOの「プレイスマット」を愛用。

今日はこれ！

使用頻度の低い来客用のモノをピックアップしてみましょう。ひとつずつでも手放してみて。

DAY 23 自分のきげんが最優先

日々の暮らしのなかで最優先にしているのは、「私がごきげんでいられること」「自分のペースで暮らすこと」です。まずは自分を満たして、心のグラスからいい気分があふれ出すと、自然と周りにも優しくできるのを感じます。

子どもが小さいうちは難しいかもしれません。これは子どもが大きくなって、時間にゆとりが出て、自分を取り戻していこうとする過程の話。ただ、子どもが小さくても、隙を見て好きなことができたなら。

たとえば家事だとしても、好きなことから取り掛かります。私は食洗機に器を入れるとき、パズルと思って楽しみます。好きなので、まずはそれから。片付けも、好きな音楽を流しながら。

そして、疲れているときに家族から用事を頼まれたら、「ちょっと待ってね」とお茶を一服。ときに散歩を挟んで、気分を整えてから家族の用件に当たります。気分がよくないときこそ、自分を後回しにしません。毎日絶対にとはいかないけれど、日々がなるべく自分軸であるように。ごきげんの波に乗って過ごすことが、結果いろいろなことをうまく回らせています。

今日はこれ!

“家族最優先”ではないことに引け目を感じる方は、「生活を楽しむ姿を見せよう」「私の人生の主体は私だと態度で示そう」と切り替えてみて。

DAY 24 暮らしのなかにフィットネスを取り入れる

モノを手放し続けたおかげで、人のためのスペースを大きく取れる余白が生まれました。リビングにウォーキングマシンとステッパーを設置することができ、念願の「おうちジム」の完成です。ずっとウォーキングをしてきましたが、雨や真夏の暑いときでも気の向くままに運動できたらと願っていたのです。

いきなり「1日30分！」などとすると続かないので、両方とも5分と決めてゆるく継続しています。スタンディングデスクの下にステッパーを移動させて、踏みながら仕事をすることも。「座禅」があるように、「歩禅」があります。足を一定のリズムで動かしていると、気持ちが落ち着き集中力もアップ。いいアイデアが浮かぶのも、外やマシンで歩いているときが多いです。

運動した方がいいのはわかっているけど続かない、とお悩みの方はぜひ、続けられる方法をあきらめず試してください。歩くのは退屈でも走るのは好きだったり、腹筋は嫌いでもスクワットはわりとできたり。片付けが苦手でもモノが少なければうまくいくように、きっと性格ではなくやり方や仕組みに正解があると思うのです。

数年前から愛用しているウォーキングマシンは、MAKSONEの「電動ルームランナー」。ナチュラルな佇まいでインテリアに馴染むデザインのものをチョイス。いつも出しっぱなしにして、ピンと来たときにすぐに運動できるようにしています。

ステッパーはOASISの「ツイストエアロステッパー」を愛用。ウォーキングマシンと同様に木目調でナチュラルなモノを選びました。週に2〜3回、スマホで動画を観ながら楽しく踏んでいます。

今日はこれ！

「絶対に選べと言われたらこれ」という運動の候補を並べてみましょう。どれか5分だけ、やってみて。

DAY 25 隠す収納を増やす

子どもが小さいときは、収納はなんといってもオープンが一番でした。育児は待ったなしですから、扉を開け閉めする手間がなく、手を伸ばせばパッと取れる収納に助けられていたのです。

けれど気づけば、子どもたちもだいぶ大きくなりました。自分の望みはと考えてみると、あれこれモノが見えてごちゃごちゃするより、視覚的に落ち着きのある部屋で過ごしたい。

オープン収納が上手にできるならばいいけれど、簡単なことではありません。家族の選んでくるモノもあるし、センスだって必要。

ならば、本当によく使うもの以外は隠してもいいのではないかしら。箱に入れたり、布をかけたり、引き出しに収めたり。キッチンでも、出しっぱなしは最小限におさえました。出しておくモノはひとつひとつ丁寧に選んで、「眺めたい」と思えるようなモノに限って、少しだけ。

出しっぱなし収納は、左右にどんどん広がっていきがちです。意識的に見直しを繰り返し、引き算することを忘れずにいたいと考えています。

玄関に設置しているキャスター付きのワゴンは、使用頻度の低いものが入っているので、背面を表にしてなかが見えないようにしました。小さな工夫で玄関がスッキリと整いました。

ダイニングルームに置いているティッシュは、アンティーク調のバスケットに入れて目隠し。カラフルなティッシュの箱も隠してしまえば気になりません。

今日はこれ!

「ここは雑然としているな」という場所を特定してみましょう。そこのモノを手放すか、隠す方法を模索して。

DAY 26 ストレスフリーな空間をつくる

自宅をパワースポットにしたい、と考えています。とくに、家で過ごす時間の増えたコロナ禍以降、その気持ちが大きくなりました。どこかに出かけなくても、自宅でエネルギーを満たせるなら最高です。

どんな環境ならパワースポットと言えるのかは人それぞれですが、私にとって大切なのは、「モノが少なくてスッキリ」とともに、「陽の光」と「きれいな空気」が部屋に満ちていること。

冬場、日光をたくさん浴びたい時期にはダイニングのカーテンを外しています。すると窓いっぱいにおひさまが入り、床には陽だまりが。それだけで、心が穏やかに温かくなる気がします。

そして空気は、レボイトの空気清浄機を導入してからスッキリ気持ちがいい！　近所に緑が多い環境とはいえ、実家の山形に比べれば空気がきれいとは言えません。それでも部屋に風を通すようにしていますが、体調に気をつけたい冬場や花粉の季節はとくに空気清浄機が大活躍です。32畳対応で、1階すべてをカバー。花粉症の娘も快適そうで、昨年の買ってよかった家電ナンバーワンです。

リビングに32畳対応のレボイトの空気清浄機を置いています。おかげで部屋の空気がよくなり、ハウスダストも吸い込まれるのかリビングにホコリが溜まりにくくなっているのを感じます。

冬場はダイニングやリビングが薄暗くなりがちなので、カーテンを外して陽の光を取り入れます。

今日はこれ！

自分にとって、ほしい環境は何かと紙に書いてみよう。
その実現への第一歩です。

DAY 27 毎日のごはんから栄養を摂る

おかずが何であれ、ほとんど毎回主食はお米です。どうせならそこからガッツリ栄養を摂りたいと考え、炊飯する3分の1は東洋ライスの「金芽米」にしました。胚芽から舌触りのよくない部分を除いて基底部を残したもので、ヌカ層とでんぷん層の境目にある「亜糊粉層」が削られておらず、栄養と旨味がたっぷりです。

残りは食べやすく消化しやすい「ロウカット玄米」。そこに、食物繊維の豊富なもち麦、必須アミノ酸をバランスよく含んだキヌアを少量混ぜて。水を少し多めにして炊くだけで、簡単でおいしく栄養を摂れる主食のできあがりです。ちょっとくらいおかずがおろそかでも、「お米がすごいから」と安心できるという算段。

麺類もだいたいはグルテンフリーのもの。グルテンを摂りすぎると胃腸の調子に影響を感じるので、なるべく有機トウモロコシと米粉の麺を心がけています。小麦の麺よりコストがかかるので毎回ではありませんが、毎日食べる主食にはとくに意識を向けて食材を選んでいます。こうしてから、体が軽いようなよい変化を感じているのです。

わが家のごはんは、「金芽米」、「ロウカット玄米」、もち麦、キヌアのミックス。そのときの気分で黒米やあわなどを混ぜることも。外食で白米を食べると、物足りなく感じるようになりました。

栄養たっぷりのごはんなので、ごはんが主役の炊き込みごはん、ケチャップライス、炒飯をよくつくります。子どもたちはパンよりもごはん派になりました。

今日はこれ！

最近は食べやすい玄米や雑穀米がたくさん。今日の白米に混ぜ込んでみてください。

DAY 28 土鍋ひとつでごちそうに

毎日しなくてはならない晩ごはんの支度。毎日何品もつくるのは大変です。料理が好きならまだしも、私にとっては「ちゃんとつくらなきゃ」と気負うほどにつらさを感じるようになりました。

今の自分が思うのは、「いい食材をシンプルに調理して、おいしければそれでいいじゃない」ということです。最近よい土鍋を買ってからはとくに、具沢山味噌汁をその鍋でつくって食卓にドンと置いて終了。家族のお椀はどんぶりサイズの大きいもので、そこに各自が好きなだけよそって食べる鍋スタイルです。白菜、キャベツ、キノコ類、わかめ、お揚げに豆腐、ときにキムチも投入し、アツアツをたっぷりいただきます。豚肉を入れれば豚汁になり、人数分の卵を落とせばごちそう感がさらにアップ。雑炊にすることもあります。

鍋ごと置けば保温がきくし、茹でると出ていってしまう食材の栄養や旨味も、汁と一緒に余すところなくいただけます。洗い物が少なく済むのもよいところ。こんなにラクでも「みんなで囲んで」「よそう」というアクションで、より賑やかで楽しい食卓になる気がしています。

KINTOの白い土鍋「KAKOMI」の佇まいが好きで、よくわが家の食卓に上がります。直火調理はもちろんIH、ラジエントヒーター、電子レンジ、オーブンも使用可能。料理のにおいが鍋に移りにくいので、キムチやカレーなどスパイスの効いた料理も楽しめます。

おでん、雑炊、鍋物など土鍋の使用頻度はとくに冬に爆上がりします。家族で囲んで楽しむ土鍋だから、「KAKOMI」という商品名なのも納得。母がわが家に来たときは、それこそ毎日のように使いました。

今日はこれ！

今日の晩ごはんは、家にあるお鍋で、食卓のまんなかに置く具沢山味噌汁！

DAY 29 朝の過ごし方をアップデートする

子どもたちが起き出す前のひととき、朝の静寂が好きです。自分ひとりだけの、とっておきの時間。早起きのごほうびと言えるかもしれません。

まずはBGMを静かにかけて、カフェのような雰囲気をつくります。気分を上げてお茶を飲み、ノートを書き、ストレッチをする。果物を食べて自分を慈しむ。朝が気持ちよく始まると、１日いい気分でいられます。ヨガや瞑想も、朝がいいとおすすめされていますね。

時折、ごみ出しついでにウォーキングに出ることもあります。小鳥のさえずりを聞いて、散歩中の犬を愛でて、飼い主さんとおはようございます！　最高に気持ちのいい朝です。季節の移ろいを見せる公園の木々も見どころのひとつ。新緑の季節が大好きです。

こんな朝時間を取れた日は、ポジティブに過ごせる気がします。もはや、これなしの１日が考えられないくらい。この後なら、仕事への取り掛かりもスムーズで、スッと集中することができます。

昔は寝るのが大好きでしたが、今は寝ているのがもったいないくらい早起きが楽しみなのです。

今日はこれ！

朝がギリギリの人は、寝るのと起きるのを1時間早めにシフトしてみませんか？

とある日の
TIME TABLE
午前

集中力を発揮できる朝の時間は、
アクティブに過ごします。
大事なことは、頭の冴えた午前中に
すべて済ませておきたい！
午後ほど長くはないから、ツルッと
過ごさないように意識しています。

Time Line

6:00

起床
ちょこちょこと水を口にしつつ、1日の過ごし方を決める。ノートに書き付ける。

5分瞑想
ソファに座って目を閉じ、自然音を流してリラックス。何も考えず音だけに集中すると、終えた後は呼吸が深くなり、血流がよくなって手足がビリビリする感じ。頭が冴えわたり、「ああ気持ちよかった！」と爽快な気分に。朝を瞑想で始めると、気持ちのよい流れで1日を過ごせます。5分以上やると寝てしまうので、これくらいが自分にはほどよい。

食洗機の中身を片付け、お弁当をつくる

7:00

ルームウェアのままノーメイクでキャップだけかぶり、ごみ出しついでに近所を10分ウォーキング。雨の日はウォーキングマシンに乗る。
鏡の前で腕を伸ばしたり、背中をそらしたりと簡単にストレッチ。

7:20

子どもたちが起床、朝食を食べて登校

8:00

ひとりでゆっくり朝食
シャープの「ヘルシオ／ウォーターオーブン」でスチームしたじゃがいも、キャベツ、ゆで卵など。その間ホットクックにカレーの材料を入れておけば、昼にはカレーができている。

8:30

朝食片付け、洗濯
ブログ執筆
オンライン講座の教材配信

9:00

休憩
座りっぱなしにならないよう、こまめにスクワット、ステッパー、縄跳びなどの運動しながらYouTubeを観たり、漫画を読んだり。こうした方がアイデアも出る気がする。

10:00

雑誌のオンライン取材を受ける

11:00

ブルーベリーとバナナのプロテインスムージーを飲む
お風呂にアロマを入れて入浴
もっと早い時間に入ることも。

→ 午後のタイムテーブルはp174へ

DAY 30 直感を働かせる

今や買い物方法の主流を占めるネットショッピングですが、選択肢が広いがために時間がかかってしまったり、届いたモノが希望と違ったりで難しい、というお悩みをよく聞きます。

私もある程度は時間を取りますが、いやになるほどではありません。「これよさそう」と感じたら、レビューの数を見て、内容を数個読んで、楽天とAmazonで価格を比較してから購入。

「これよさそう」を発見するには、タイミングがあります。それは、きげんがいいとき、リラックスしているとき。直感が働いて、いい結果をもたらすのはいつも自分がそんな状態のときです。反対に、疲れているときにピンと来た気がしたことは、失敗が多いのです。

そして私の直感力は、家のなかのモノを厳選していった先に得たものだと感じています。本当に好きなモノ、必要なモノに囲まれていると、そこに不要なモノには違和感が働く。直感的に除外できるのです。

直感は実は知識と経験に裏付けされており、仏教では「直観」といいます。家のなかでも直感を働かせ、要不要を見極めるようにしています。

今日はこれ！

「ここにあるべきものなのか？」と違和感を覚えるモノを見つけて「1捨て」しましょう。判断を重ねるほど直感力は磨かれます。

DAY 31 仕事は集中して短時間だけ

私の仕事は主に、ブログ、Instagram、書籍などで情報発信をすることです。以前は1日じゅうだらだらと手をつけていましたが、今は午前中に集中してその日の分を終えるようにしています。繁忙期はその限りではありませんが、基本的には午前中だけ。

いろいろな時間帯に試してみたのですが、集中して取り組めたのは爽やかな空気の朝でした。子どもたちが学校に行った後の8〜10時が私の仕事のピークタイム。「1日ずっと仕事」と思うより、時間が限られた方が効率よくできるんですよね。

かけている時間は短くなりましたが、収入はむしろ増えています。要因は、ブログの内容をシンプルで簡潔にし、読みやすくしたと同時に毎日続けられる文量にしたこと。毎日アップできることで、自然と読んでくださる方が増え、ブラウザのトップページで見出しに取り上げられることも何度かありました。ブログのメインテーマは「1日1捨て」なので、普段の習慣とつながっていることも続けられているポイント。

短時間で仕事を切り上げたら、残りの時間は好きなことに。このメリハリを大切にしたいと考えています。

仕事は集中力が一番高い朝の早い時間にパッと完了。仕事をする時間も楽しいですが、ほかにもやりたいことがたくさんあるから。仕事中はリラックスできる自然音のBGMを流しています。

仕事をしながら青竹踏みも同時進行。足裏のツボを刺激することで、血行がよくなり、そのおかげもあってか最近はトイレに行く回数が減りました。

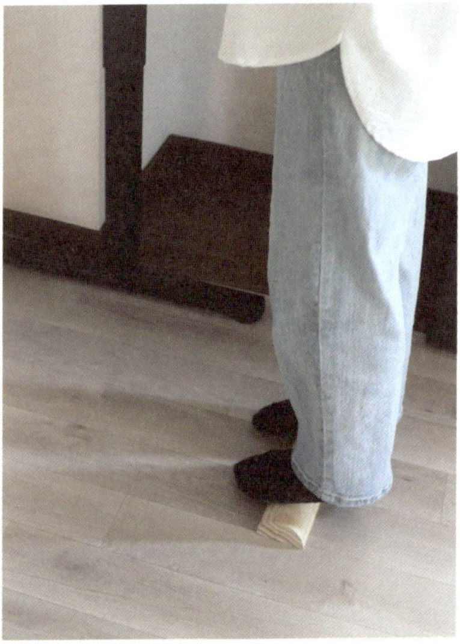

今日はこれ！

仕事時間、家事時間をいつもより短く取ってみよう。
終わらなくても、思いきって切り上げます。

DAY 32 思い出のモノは適量に

人は年を重ねるにつれ、思い出にしがみつく傾向があるなあと感じます。高齢になればますます、体も思うように動かなくなりモノの整理が困難に。負担の蓄積をしていくよりも、動けるうちにスッキリさせたい。

思い出のモノは溜まりがちですが、思い出は心のなかにしまっておくものだと考えています。以前は子どもの賞状やメダルを大事に保管していましたが、子どもに聞けば「いらない」と言うのです。本人がいらないモノに、私が執着するのもおかしな話だなあと、写真に撮って手放しました。当時の喜びや誇らしさは、胸のなかに。

唯一卒業文集は保管していますが、子どもが家を出るときに渡すつもりです。ただ自分の文集もしまわれたまま見る機会はありません。もういらないのかもしれませんね。紙焼きの写真も、スキャンするなどしてデータ化を考えています。

写真に関しては、子どもが小さかった10年間はFacebookに投稿していました。その思い出がよく流れてくるので、開いては温かな気持ちになっています。もうこれで十分、という気がしています。

データであれば子どもたちの写真を
いつでも見ることができる。

今日はこれ!

見る気にならないほど大量に思い出のモノがあるなら、
1枚ずつでも減らして。残したモノが見やすくなります。

DAY 33 家族には「見本」を見せるだけにする

「1日1捨て」を実践し始めて、自分のモノがどんどん減り、リビングがスッキリし始めたころ。次第に子ども部屋が気になってきました。

けれど、モノの適量は人それぞれであり、いくらわが子でも自分とは別人格です。私が「モノは少ない方が快適」と思っていても、家族が同じように感じるとは限りません。

そのことを肝に銘じ、「家族のモノはノータッチ」とルールを決めました。私にできるのは、「適量で暮らすことで快適」な見本を見せることくらい。

このスタンスを続けてきた結果、最近徐々に子どもが変わってきたのです。たとえば先日高校入試を終えた長女は、試験翌日に「中学校の教科書とノートをすべて捨ててリセットしたい！」と言い、紙ものをじゃんじゃん部屋から排出。私は必死に、資源ごみ置き場と家を往復してサポートしました。重かった！

大仕事でしたが、自発的に部屋をリセットする娘を見て心が喜びで満たされました。「捨てなさいと無理に教えなくても、見本を見せるだけでいいんだな」と安堵感で胸がいっぱいになった春の1日でした。

今日はこれ！

リビングなどを片付けた後、子どもに「きれいだと気持ちがいいよねえ」と話しかけてみて。きっと心に残ります。

DAY 34 子どもを「導く」意識を手放す

親として子どもにできることって、なんでしょう。愛情を注ぎ、衣食住を保障する。そして幸せになれるよう、自立できるよう導くこと。前者はわかりやすくても、後者は正解がなく難しい。親子のバックボーンや性質、価値観や年代によって同じではないからです。

小さいうちは目が離せない子どもも、思春期ともなれば目の届かないところへ。自分の価値観がどうしても影響する「導く」を意識しすぎれば、自立をしたい子どもの反発を招き逆効果になることも。大きくなったわが子を見ていると、親の関わり方を「信じる」「見守る」「選択させる」にシフトする必要があります。親が手を引く時代は過ぎ、できるのは話を聞くことと、やりたいことをサポートすること、子どもを信じること。

夜遅くに帰ってくるのが心配でも、本人にやりたいことがあるなら見守る。アルバイトをしてみたいと打ち明けてきたときはできる限りサポートしました。親として、失敗してほしくない気持ちがあっても、子どもが進む道は私の人生ではないから。若いうちだからこそ、ときに失敗しながら経験を積んでほしいと願っています。

いつの間にかいろんな経験をしている子どもたち。
子どもの話から気づかされることもたくさんありますよ。

今日はこれ！

今日は子どもにいっさい注意をせず、自分のしたいことに専念する日にしましょう。

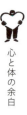

DAY 35 モヤモヤするときはさっさと寝る

生きていれば、考えても仕方のないことをぐるぐる考えてしまうこともあります。私もよく、今さら思い悩んでも仕方のないことで眠れない時期がありました。

けれど思考というのは勢いづく習性があります。ひとつのことを10分も考えれば、たとえほかに切り替えられてもすぐそこに戻ってしまいます。だから10分経たないうちに、違うところにフォーカスするようにしています。

気分転換の方法はいろいろですが、強制リセットには寝るのが一番。お気に入りのピローミストをシュッとして、昼寝もしくは早寝してしまいます。起きると気分も変わっているもの。寝ているときに、脳が情報の交通整理をしてくれているからです。赤ちゃんが眠くてぐずるように、寝不足できげんが悪いなんてことも意外とありそう。

悩んでいるからこそ眠れない、という方もいるかもしれません。考えて解決に踏み出せることならいいのですが、そうでないなら思考の切り替えの練習を重ねましょう。思考も「1捨て」していくことで、私は寝つきがよくなりました。

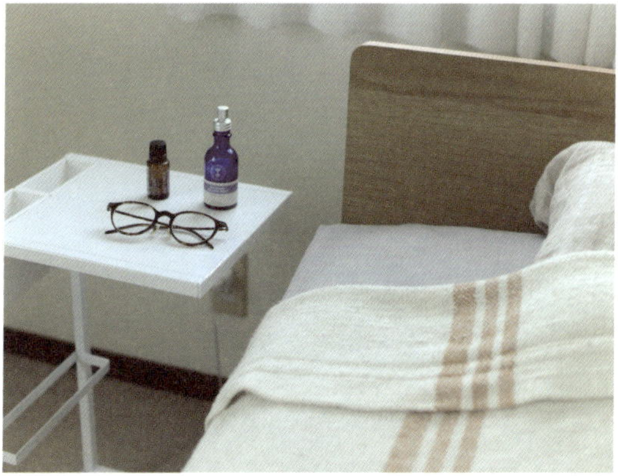

夜寝る前にニールズヤードのピローミストをシュシュシュッと枕に3回スプレーしています。そのおかげもあってか寝つきがよくなり、布団に入るとすぐに眠れます。

長女もいやなことがあった日は昼寝をしています。眠ることでうまく切り替えができているよう。高校生活を元気に楽しんでいます。

今日はこれ!

悩み始めたら「まいっか」とつぶやいてみて。ホッとすることで心を休ませることができます。

DAY 36 宅配サービスやネットスーパーで余力を残す

家事のなかでも、食材の買い物は好きなことのひとつです。毎日のウォーキングと組み合わせて、スーパーなどで「今日の採れたて野菜はこれか」「めずらしいもの入荷してる」と見て回るのもお楽しみ。狙い以外の好みのものが目に飛び込んでくる、実店舗での買い物はやっぱりやめられません。

一方で、かさばるものや重いものはAmazonフレッシュ（エリア限定）で購入し、自宅に配送してもらっています。午前中に頼めばその日のうちに届けてもらえる、ありがたいサービスです。Amazon定期おトク便では、お米や日用品を定期配送してもらっています。ドラッグストアより安く、品数豊富で、配達周期も選べて、買い忘れの心配もありません。この2つに、どれだけ暮らしをラクにしてもらっていることか！

日用品、食料品は毎日消費し続けるものなので、買い続けなくてはなりません。この部分の労力をいかにラクにできるかが、自分の余力をどれだけ残せるかにもつながりそう。また安価というメリットもあるので、日々、月々の積み重ねで消費するお金にも大きく関わり、金銭的な余力にも影響しそうです。

Amazonフレッシュだと最短2時間！
わかりやすく時短を求めるなら
宅配サービスはおすすめです。

今日はこれ！

負担に思う買い物は何？ 任せられるサービスを探して、一度お試しで申し込みをしてみましょう。

DAY 37 家事をお任せする

アメリカに住んでいたとき、家事代行は一般的なサービスでした。抵抗なく使っていたので、日本にいる今も友人からいいハウスキーパーさんを紹介されたときには飛びつきました。フィリピン出身の方で、月に2回、家を全体的に掃除してもらっています。床、棚、キッチンやお風呂といった水場から、汚れていれば窓やサンまでピカピカにしてくれます。上手で早くて、まさにプロフェッショナル！　おかげで私は日常で掃除のことをまったく気にしなくなり、目立つ汚れがあればサッと拭くくらいのことしかしなくなりました。

それでもいつも家はきれいで、2週間おきに大掃除をした後のようになることを思うと気が楽になります。子どもが汚しても全然気にならなくて、おおらかでいられる。まさに人生が変わったと言いきれます。節約意識もありますが、長い目で見るとお得さが圧倒的に大きく、これからもお願いすることを決めています。

ハウスキーパーではなくても、食洗機、乾燥機、自動掃除ロボットなどのおかげで手放せる家事は増えました。抱えすぎてつらくならないよう投資できたらと思います。

今の時代は
家事代行も比較的安価です。
プロの力はすごい!
ドヤ!

今日はこれ!

担っている家事を細かく書き出してみて、手放せるモノ、将来手放そうと思うモノを把握してみましょう。

DAY 38 ピカピカじゃなくていい、そこそこで花丸をあげよう

　毎日毎日、SNSには美しい部屋の画像が上がっていますね。振り返って自分の部屋を見て、ため息をつく必要はないと思っています。きれいの基準は、自分で決めていいと思うから。

　わが家もよく見れば、汚れているところがあるのです。でも「よく見なきゃわからないならいい」。今の私の基準はここです。

　ここに至るまでは、毎日しっかり拭き掃除までしていたものでした。どこかに汚れはないかと、目をこらして探し回っている感じ。それを楽しめていればいいのだけど、私にとってはストレスでした。「ほどほどでいいよ」と自分に許可ができなかったのです。

「ピカピカにすべき」という固執を手放せたのは、モノを減らしたことにより心が軽くなってから。家のなかからいらないモノがなくなると、不思議と心のなかからもいらない思い込みがなくなっていきました。

　今ではさほど汚れを気にしない分、自分が好きなことに時間を費やせています。散歩に運動に、相撲観戦。ネットのウインドウショッピングにも時間が必要ですから。

今日はこれ！

汚れているところを探さない。整っているところをひとつ見つけて花丸をあげよう。

DAY 39 自分を見つめる時間を持つ

飛ぶように過ぎていく日々のなかで、自分の時間を持つことが難しい方はたくさんいると思います。子どもがまだ小さかったりすると、なおさらですよね。

たとえば、お迎えの前に10分だけカフェでホッとひと息つく時間を持ってみる。これだけで、1日の満足感が変わります。友だちとのおしゃべりは楽しいけれど、ひとりでゆっくり自分と向き合う時間もとても大切。いつも、自分の内側に何があるのかを探求する「内観」をする時間を取っています。

家族旅行の最中でも、みんなが起き出す前にひとりで早朝散歩をしています。頭を空っぽにし、心を整えてから始める1日は、落ち着いて自分らしく過ごせるから。「私は今日をどんな日にしたいのかな」と考えることもあれば、何も考えないことで自分をニュートラルに戻すこともあります。

内観をしてから1日を始めると、その後が忙しくてもどこか心に一片のゆとりを持てたり、効率よく動けたり。一生懸命な人ほど「こんなことをしていていいのか」と焦ってしまいがちですが、「かえっていいんだ」とひとときゆっくりしてみてください。

今の作業を一旦とめて
一息ついてみましょう。
MENU
MENU

今日はこれ！

仕事のことも家のことも何も考えず、5分でいいから
ただ目の前の景色を楽しむ時間を持ってみてください。

DAY 40 予定を詰め込みすぎない

活動的で意識の高い方ほど、「スケジュール帳が埋まっていないと不安」と言う方が多い気がします。若いときはなんとかなっても、年を経るにつれ回復期が必要になってくるもの。心身が健やかでいられるよう、普段はもちろん連休などにギッシリ予定を詰め込まないよう気をつけています。どんなに楽しい予定だとしても、“特別”が連続すると疲れが溜まってしまうから。

とはいえ最近、起きている時間が楽しすぎて睡眠が不足し、調子を崩してしまいました。何があるというわけではないのですが、「1日ひとつ新しいこと（p198参照）」を始めてからとくに、毎日が楽しくて！　でも反省。ブレーキも大切です。

連休なら、あいだあいだに休息日。土日のどちらかは、ゆったりと過ごす日。平日も、特別な予定は1日ひとつ。旅行のときも、家を出るべき時間から1時間以上早く出て、旅の途中はゆとりを持ちます。そうすれば、「これをしたい」と思いついた瞬間に、それができる余白を持つことができます。つねに自分の直感や望みを最優先にしたいと思っているので、「今これ！」のできるスケジュールにしています。

今日はこれ！

この先1カ月のスケジュールを見てみてください。
あいだあいだに休息日を入れて余白を持ちましょう。
余白は、余力です。

DAY 41 引き出しに余白を持つ

引き出しのなかに、少なくとも2割は余白を持つようにしています。モノがパッと見つかり、取り出しやすいから。開けたときに余白があるだけで、気分がいいから。気分のいい収納もまた、何度も開けたくなるパワースポットです。

ダイニングに置いたチェストの引き出しに収納しているのは、体温計や爪切りといった家族で使う日用品、工具や裁縫セット、カードゲームなど。家族が使うモノを、家族みんながアクセスしやすい場所に。

キッチンの引き出しでも同様に、カトラリーや調理ツールを増やしすぎないよう心がけています。料理中にこそ、ほしいモノがサッと取れないと困ります。モノが好きなのでつい増えてしまいがちですが、多くなってきたと思ったら減らしたり、買うのを思いとどまったりと調節しています。

私も、以前は引き出しのなか120％の人間でした。ほとんどが使われていないモノで、開けるのがやっとという状態。引き出しを開けたときにモヤッとしたら、それは心のコンパスが振れた証。心の声を無視することなく、その引き出しを見直すことにしています。

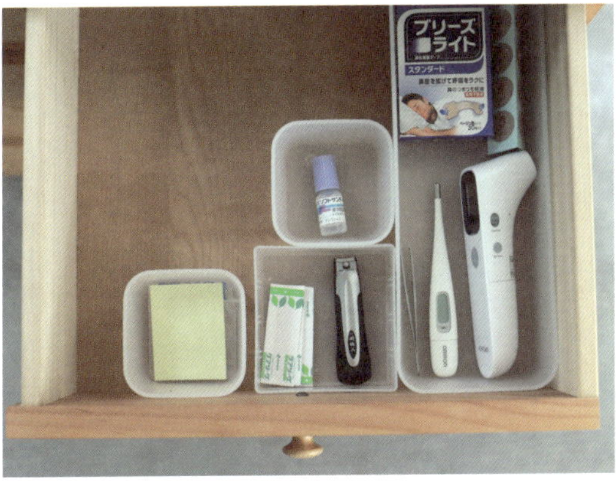

ダイニングルームのチェストの引き出しには日常的に使う爪切り、体温計、絆創膏、目薬などを収納。何がどこにあるのか一目瞭然な収納を心がけています。

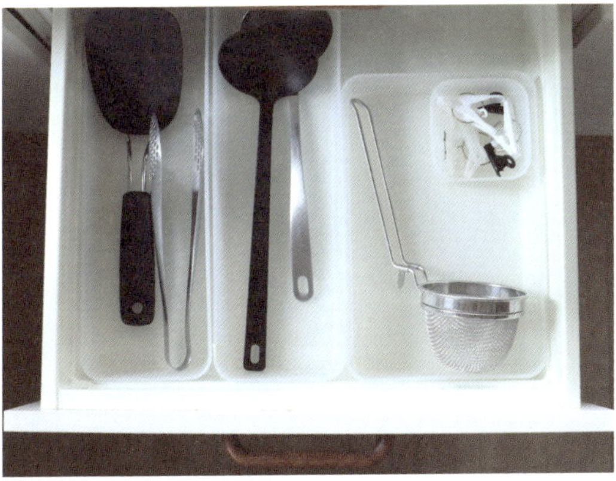

キッチンの引き出しにも余白をつくって。すべて一軍のモノだけにして、キッチンツールが増えすぎないように気をつけています。

今日はこれ!

引き出しを開けて、モヤッとしないか確認してみて。
気持ちよくない状態のところから、モノを手放そう。

DAY 42 全身鏡を活用する

リビングの一角に、陽の届かない薄暗いスペースがありました。なんとかしたいなと、大きな全身鏡を取り付けてみました。すると、新たな窓がそこに開いたかのように空間が明るく！ 部屋が向こうに続いているような奥行きも生まれました。さらには黒いフレームが、インテリアのアクセントにも。

意外だったのは、その前を通るたびに「あ、背筋伸ばさなきゃ」「ここ引き締めたいな」「アクセサリーでもつけようかな」と見た目を意識するようになったこと。自分を見ることが習慣化して、おしゃれや運動を前向きにできるようになったのです。

正直なところ、加齢とともに鏡を見る回数は自然と減っていました。だって、あまり嬉しい感情にならなかったから。するとかえって、たまに見ては「うわっ」とびっくり。今はしょっちゅう鏡に映るので自分に見慣れ（笑）、ポジティブに「こうしてみよう」と考えられるようになりました。

最近では鏡の前を「おうちジム」とし、正しい姿勢を意識しながらストレッチをしたり、ウォーキングマシンに乗ったりしています。

全身鏡は楽天で購入。大きさは165cm×60cmとビッグサイズ。部屋の雰囲気に合わせて、シックな黒のフレームを選びました。40代後半の今が一番おしゃれが楽しい……それも全身鏡のおかげかなと思います。

最初にトータルコーディネートをざっくりと決めて、その後に服を着て全身鏡の前でバランスを見ます。アクセサリーや小物をプラスするとより自分らしいおしゃれを楽しめます。

今日はこれ！

リビングに大きな鏡を置くのがおすすめ。雑然とした場所が映らないよう、片付けのクセもつけられるかも。

DAY 43 家のなかの写真を撮る

　自分の部屋は見慣れるものです。「もっとよくしたい」と思っても、改善ポイントを絞り込むのが難しいところ。客観的な視点が必要です。

　そこでおすすめなのが、写真に撮ってみるというもの。私も以前、気づかなかった「あら〜」という箇所が浮かび上がってきて驚いたことがありました。スマホの広角レンズは部屋全体を俯瞰して撮れるのでおすすめです。

　写真を見るときは、“素敵な暮らしを営む友人”とか、“推し”の目線を意識すると効果的。がぜん、改善に取り組む気持ちが湧いてくると思います。また雑誌やSNSで見る理想の部屋の写真と、プリントした自分の部屋の写真を並べて置いてみるのもよさそうです。平面上でお手本と見比べることで、何から取り掛かればよいかがわかってきそう。

　何よりお尻に火がつくのは、SNSでビフォーアフターを掲載すること。家じゅうの問題箇所の改善を紹介するアカウントをつくり、フォロワーとやりとりしながら楽しく部屋づくりに取り組んでみてください。ひとりより、誰かとやるのも継続の秘訣です。

写真を撮ってみてなんだかモノが多く感じるときは
手放すタイミングかも。

今日はこれ!

部屋から消えたものは時間が経つと忘れがち。ビフォーの写真をしっかり撮っておきましょう。

DAY 44 モノを何も置かない スペースを1カ所つくる

　たとえほかの場所が雑然としていたとしても、部屋のなかの１カ所だけ、何も置かないスペースをつくってみてください。たとえば、テレビ周りでも、棚板１枚でも、サイドテーブルでもOK。普段自分のいる場所からよく見える位置なら、より効果的です。

「ちょっと置きたい」という気持ちをおさえて、そこだけには何も置かない。ただ、空間にする。

　すると、そこが目に入ったときに気分がいいことを実感すると思います。空間の余白が、心の余白まで生み出すことに気づくのではないでしょうか。掃除をするときも、そこだけ苦もなくサッときれいにでき、時間を生み出すことも肌で感じると思います。

　そのよさを体感しながら、何もない場所をだんだん広げていけたらと思うのです。たとえ置くとしても、花瓶をひとつだけ。かごをひとつだけ。何もないところに飾られた花やかごは、とても引き立ち映える部屋をつくり出してくれます。たったひとつを置くことで、自分にとって何が大切なのか、何が好きなのかがわかるでしょう。そして、より大切なものと、自分自身を慈しむことができると思います。

ダイニングテーブルの上には花瓶以外、何も置かないようにしています。天板の汚れを防ぐために、食事のときはfogのテーブルクロスを掛けています。

リビングのローテーブルにも何も置かないと決めています。掃除がしやすくなり、子どもたちが宿題をやった後も、勉強道具をきちんと片付けてくれるようになりました。

今日はこれ！

今いるところから一番目につく棚の上を空っぽにしてみましょう。

DAY 45 気分を上げるしかけをつくる

　自分のきげんを取るのも、毎日意識して、となればひと仕事ではあります。勝手に気分が上がってくれるものを、部屋にしかけておくのはいかがでしょうか？

外の緑が自然と目に飛び込んでくる環境は、私にとっては幸せに直結します。すりガラスだった窓を、透明なガラスに付け替えました。なかなかの投資額ですが、毎日が幸せに。キッチンに立つ時間がますます好きになりました。

マイナスイオンを発生させるMHCのサーキュレーター「新林の滝」。100万個のマイナスイオンが発生して部屋全体を涼しくして、自宅で森林浴気分が楽しめます。

大きな鏡を導入してから、部屋が広く明るくなりました。また自分の姿をしょっちゅう確認できて、運動にもおしゃれにも張りが出ます(p100参照)。

今日はこれ！

花を飾る、カーテンを開け放つ、敷物を変える——何か部屋に変化をもたらして、何で気分が上向くのかを観察してみましょう。

DAY 46 「ある」に気づく自分でいたい

大量の不要なモノに囲まれて暮らしていたころ、漠然とした不安を抱えていました。それはきっと、「自分に足りないもの＝片付ける能力、生活力」に目を向けざるを得なかったからだと思います。

モノを減らしていくにつれ、少しずつ「自分が望むものは何か」がクリアになっていきました。禅で言うところの「吾唯足知（われただ、足るを知る）」に近づき、自分にとって「これはいらない」「これは必要」と判断できるように。それは、何を選べば自分らしく生きられるのかが明確になっていく道筋でした。

今も私が実践しているのは、ないもの探しをして不安になるのではなく、「今あるモノ」「すでに手にしているモノ」に目を向けること。たとえばおいしい紅茶を飲む時間。気持ちよく歩けるNIKEのスニーカー。「地位」とか「映え」は、自分ではなく世間軸だから。

行動にクセがあるように、思考にもクセがあります。ないもの探しで不安になるより、すでにある幸せをかみしめるクセをつけたい。日々いろいろなことがありますが、どんなときも「足知」で、ささやかな幸せに気づける自分でいたいです。

今日はこれ！

毎日のささやかな幸せ、使うのが好きなモノなどを書き出してみましょう。書ききれないほど出てきそう。

DAY 47 洗濯物は各自が畳んでしまう

洗濯物が乾いたら、かごに放り込み、子ども３人の各部屋へと運びます。私の仕事はここまでで、クローゼットにしまうのは子どもたち。なかなかしまわず置きっぱなしのこともあるので、なるべくジャマになりそうなところに置いています(笑)。「早めにね」のメッセージ。それでも置きっぱなしなら、私がササッとしまいます。やれなければそれでもいい、時々でも自分でできていたらいい。たまに「しまってね」と声をかけますが、それでできなくてもオッケー。

優しさというより、「絶対やってほしい」と考えると自分にストレスがかかるからです。子どもはまだ未熟なので、なんでも完璧にはできません。それでも半分自分でやってくれたら、半分私もラクだから。それくらいの塩梅が、心を平和に保ってくれています。

私は、型にはまってきっちり生きるつもりがないので、子どもにも強く「今すぐこれをしなさい」「絶対やりなさい」と言う気がありません。それでも協力して生きていきたいから、「お小遣いをアップするから頼んだことは積極的にやってね」くらいの声掛けをするようにしています。

洗濯物は各自がしまうシステムにすることで、家事の負担が減りました。3人の衣類を別々のかごに入れて、クローゼットの前に置くだけ。パッとしまえるように裏返しになっている服は直してあげます。

洗濯機を回すのは基本的に朝1回。わが家は乾燥機もあるので、洗濯物は干しません。便利な家電を味方につけ、洗濯機のスイッチを押す→乾燥機に移す→衣類をかごに仕分けする……これだけで完了！

今日はこれ！

家族に分担してもらえるところを考えて、相談してみましょう。はじめから完璧に、とは期待せず。

DAY 48 ラクな調理法を選ぶ

“丁寧に暮らす”ことに憧れていたころ、それができない自分を責めてしまいがちでした。手間をかけるほどいいお母さんになれるんだと、ある意味勘違いしていたのです。けれど「土鍋ひとつでごちそうに(p70参照)」でお話ししたように、調理はシンプルな味付けで十分おいしいし、添加物も使わずヘルシーなのでは？　と思うように。なにより、自分に余力を残すことができます。

そして無水調理のできる自動調理鍋の「ホットクック」に毎日助けられています。材料を入れれば放っておいてもカレーや煮物がおいしくできる優れもの。その間は自分の時間を過ごせるし、外出も可能です。「ウォーターオーブン」もとても便利で、朝に温野菜やゆで卵を作って食べています。こうしてみると両方ともブランドはシャープの「ヘルシオ」ですね。火加減や火を止める時間を気にせずに済むのも本当にラク。

時間は有限だから、好きなことに使いたいという思いが強くあります。料理が嫌いではないけれど、好きとも言えないから。簡単においしく、手早くできる方法をこれからも模索していきたいと思っています。

10年近く愛用しているシャープの「ヘルシオ／ホットクック」は毎日のように使っています。以前はカレーやシチューなどをメインに使用していましたが、最近は週に2回は低温調理機能で多めに鶏ハムをつくり、冷蔵庫にストックしています。

「ヘルシオ／ウォーターオーブン」も10年以上愛用している家事の相棒。電子レンジ以上に蒸し調理機能を使うのですが、野菜はもちろん豚肉や鶏肉なども蒸して、ポン酢などをかけて食べています。

今日はこれ！

ラクな調理のレパートリーをひとつ増やして、今晩はそれを試してみよう。

DAY 49 離れた両親とのコミュニケーション

山形の両親は高齢になったこともあり、コロナ禍の影響もあって、私たちの住む横浜を訪れる機会がずいぶん減ってしまいました。私たちが山形に行くのも年に1、2回。もっと頻繁にコミュニケーションが取れないかと模索した結果、LINEを活用することに。

両親、私、私の妹で4人のグループをつくり、近況を報告し合うようにしたのです。グループ名はずばり、「今を楽しむ会」。電話で話すとつい愚痴が出たりもしてしまうけれど、ここではポジティブで楽しいやりとりをしています。

LINEでのやりとりは、気軽に画像を送り合えるのがいいところ。両親からは畑の収穫物や、庭に咲いた花、助手席の母が撮った運転中の父の写真などが送られてきて、気持ちが温かくなります。私と妹も、足湯の様子や外食で食べたモノなどを写真付きで報告。離れていても、それぞれ楽しく過ごしているとわかる、いいコミュニケーションです。

スタンプ機能もとても便利で、普段気軽に言う機会のない「いつもありがとう」「ステキだね」といった言葉がポンッと送れるのです。

今日はこれ！

LINEでグループをつくり、コミュニケーションツールとしてもっと活用しよう！　グループ名はポジティブだとより○

DAY 50 定番の旅先を持つ

わが家の旅は、春休みの沖縄1週間と、夏休みの実家山形4～5日が定番。10年以上続けています。

空港を出たとたん包まれる沖縄独特の空気や言葉に、ふわーっと心がゆるみます。いつも同じ庭付きのコテージを借り、観光よりも自然を満喫。とくに予定は入れず、散策したり、ビーチでゆっくりしたり。洗濯機が庭にあり、緑とハイビスカスを眺めながら干すのも至福の時間。それでいて、いつも通り仕事もできる。

ずっとそこに泊まると予算オーバーなので、夫の職場の施設に泊まったり、飛行機の早割を押さえたりと工夫しています。向こうでは夢の多拠点生活に向け、現地の人と話して空き家や生活情報を仕入れて。

そして旅の楽しみは、準備から。出発の1週間前からウキウキと、BEGINやANA（全日本空輸）のAnother Skyの曲を流してパッキングします。持ち物リストや旅のコーデを描くのも楽しい時間。主な荷物は、段ボールにまとめて先に宿に送ります。身軽に行って、帰りの荷物もお土産込みで宅配便です。

慣れ親しんだ場所だから、不安も少なく気軽で、臨機応変に旅路と準備期間を楽しめていると感じます。

実家のある山形には年に1、2度帰省しています。GWには遅咲きの桜や新緑を楽しみ、夏はブルーベリー狩りや花火大会など、夏ならではのイベントを満喫。

次男が生まれる前から沖縄はわが家の定番の旅先。沖縄は暑すぎない春が最高で、1週間ほど滞在します。親友と呼べる友人ができ、多拠点生活の夢を叶えるべく頻繁に情報交換をしています。

今日はこれ！

次の旅は、行ったことのある気に入った場所に再訪してみませんか？　より好きになれるかも。

年一帰省の過ごし方

子どもたちが小さかった一時期、夫の単身赴任に合わせて山形の実家で暮らしていました。兄一家も一緒に、トータル11人で過ごしたお祭り騒ぎの1年半。本当に楽しい日々で、子どもたちにとっては山形が第二の故郷です。成長した今も自然が大好きなのは、幼少期のこの思い出のおかげかも。

BEGINのライブたのしかったです！

機内から眺めると、まるでパッチワークのような田んぼや畑の美しい景色が広がります。自然豊かな山形で子ども時代を過ごせたことに感謝の気持ちで胸がいっぱいに。

最近の帰省では、子どもたちが大きくなったことや、お風呂やトイレが混み合ってしまうこともあって、私たちは近くのホテルに泊まるようにしています。食事は実家で、寝るのはホテルで。温泉が付いているので、“旅先の非日常感”をより楽しめて、それもまたよしなのです。

いつもは夏休みに帰るのですが、今年は春も帰省しました。なぜなら、大好きなBEGINのライブが山形であったから！　チケットが取れて万々歳、ウキウキで父と長男と長女の４人で行ってきました。娘が踊るのにつられて、私たちも大はしゃぎ。父は「楽しかった！」と、とても喜んでくれました。いくつになっても新しい体験を楽しめる父っていいなと感じます。

帰省した折にはいつも、両親が普段行かないような観光スポットやレストランへ一緒に行くようにしています。意外と、地元の人より外から来た人の方がアンテナが高いもの。「こんなお店あるのねえ」と楽しんでくれて、私も嬉しい気持ちに。

帰省したときに必ず立ち寄るのが羽黒山。山形のパワースポットとして有名な山で、頂上までの石段は2446段。五重塔までのショートコースもオススメ◎

そして必ず行くのが、パワースポット「羽黒山」。さすがに両親は登りませんが、2446段の石段を上がり、山の空気を思いっきり体に取り込みます。「今日はまったりコースで」というときは、そこまで登らずマイナスイオンたっぷりの自然のなかを散策。いつの間にか、帰省の間に不要な思考がリセットされていることに気づきます。

DAY 51 モノを手放せない自分にホッとできる言葉を

まじめでいい方ほど、「なんで自分はできないのだろう」と自分を責めてしまいがちという印象があります。けれど負の感情を抱えていると心が固くなり、いいアイデアが出にくくなってしまいます。大事なのは、「それでいい」と自分を安心させてあげることだと思うのです。

たとえば部屋がなかなか片づかないけれど、「いずれはできる、大丈夫」「あわてて完璧になる必要はないよね」と自分の心に話しかけてみてください。友だちを励ますような感じで、「だって毎日ごはんつくって、掃除して、すごくがんばってるじゃん」と。

ホッとできる言葉があれば、それが正解です。自分がホッとする声掛けを、大事な友だちに言うようにし続けてください。みんな、人には優しいのに、自分に厳しいのだもの。

まずは自分を大事にすること。すべてはそこから。ときには自分に優しくなってもいいのではないでしょうか。自分を労わることで心にゆとりが生まれ、周りの人を今より労わることができ、よい循環が始まるのだと思います。

今日はこれ！

「完璧な人なんていないよ」「今日もよく生きた！」
自分がホッとできる自分への声掛けを見つけてみて。

DAY 52 音楽で空間をつくる

何か作業をしているときや、家事に取り組むとき。音楽があると、がぜん気分が違います。集中力や持続力も上がる気がします。私はいつも、iPadからYouTubeで音楽を流します。ジャズやカフェミュージックなどの、リズムに乗って軽やかに動くのです。

音量は、さりげなく聴こえる程度。それだけで、流したとたんに空間がパッと変わります。いつもの何気ない風景も、音楽があることで物語のなかのように楽しく感じます。

Ankerのスピーカー2台にペアリングし、リビングと玄関に置いて家じゅうに音楽が流れるようにしてみました。家事は部屋を横断して動き回りますから、どこに行っても聴こえてくるといい気分。無印良品で流れているBGMなどは、家事がはかどります。

YouTubeのなかで「朝」「夜」「旅するように暮らすBGM」という再生リストをつくっていて、気分によって選ぶこともあります。

家を、そこにいるだけでいい気分になるパワースポットにしたい私にとって、音楽は欠かせないパーツのひとつです。

Ankerのスピーカーの1台をキッチンに。最近は朝に、川のせせらぎ音と音楽が一緒になっている「森の喫茶店」を流しています。

もう1台は玄関のスツール上に置いて。Ankerの「サウンドコア2」のスピーカーは2代目。音質がよくウォータープルーフなので、お風呂場や屋外でも使用できます。

今日はこれ!

クラシック、ジャズ、ケルトミュージック——気分のよくなるBGMを探して生活のなかに流してみよう。

DAY 53 キッチンに余白をつくる

キッチンですることと言えば、料理と、お皿洗い&片付け。どれも道具をあれこれ使うものです。その道具も、ぎっしりと詰め込んでしまえばパッと使えない、戻せない。火や水や刃物を使うこともあって、動きやすさがどこより問われる場所でもあります。収納や台の上にどれだけ余白があるかで、動きやすさは全然違います。

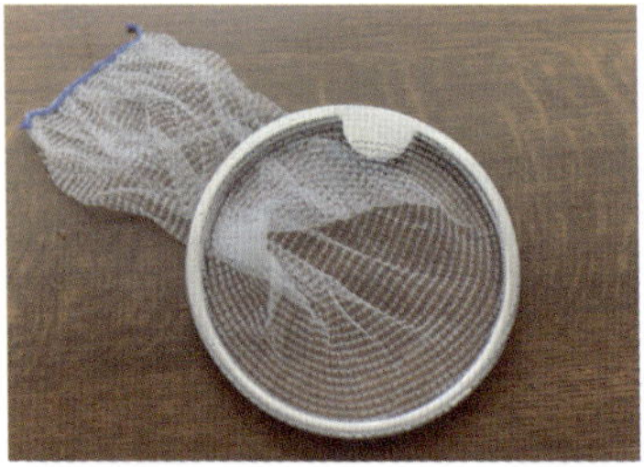

排水口のバスケットを手放し、ステンレスのリングに水切りネットを付けるだけにすることで、排水口の掃除がラクに。リングは毎日食洗機に入れて、食器と一緒に洗浄します。

キッチンの調理台に不要なモノを置かないことで、拭き掃除がラクになりました。モノが少ないと、パッと調理に取り掛かれるし、長男と一緒に料理を楽しむことも増えました。

水切りかごを手放して、吸水性のよいジョージジェンセン ダマスクの「エジプト ティータオル」を代用しています。食器立てとして山崎実業の「TOWER ポリ袋エコホルダー」を活用。

今日はこれ！

調理台とカウンターからモノを減らしてみましょう。
使用頻度の低いモノは収納する習慣を。

DAY 54 季節とうまく付き合う

日本は本当に季節の差が激しい国です。夏は暑く湿度がひどく、冬は寒く乾燥が厳しい。花粉、紫外線、台風にゲリラ豪雨に大雪。それらは生活に影響するばかりでなく、体調や心のアップダウンにも関わってきます。つい、あいさつ代わりに「いやあね〜」と話してしまいますよね。

けれど、アメリカのモントレーに住んでいたときに思いました。1年中が“寒めの春”でほとんど変化がなく、つねに羽織るものが必要な地域に暮らしていると、とにかく四季が恋しいのです。いつも同じだから、「あそこへ行ったのはいつのころだっけ」が思い出せない。変化が、尊い。夏のワクワクがほしい！

冬の寒さは苦手ではあるのですが、温かい飲み物がおいしいこと、お風呂が楽しみなこと、重ね着のおしゃれができること、暖かい布団の幸せなことを思うとほくほくします。春は新緑や花々が本当にきれいだし、夏は冷たい飲み物やお祭りの高揚感がある。

どうせ同じときを過ごすなら、よい方に目を向けたい。口にするなら文句でなく感謝。そうでなくてはもったいないほど、日本の四季は折々に素敵です。

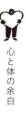

空気の香りがいつもと違ったら季節が巡ってきた証拠です。

今日はこれ！

今の気候はどんな様子？　散歩に出かけたり、家でゆっくりしたり、その季節を楽しんでください。

DAY 55 身につけたい習慣は、ハードルを下げて

筋トレをしたい、本を読みたい、ランニングしたい、勉強したい——。こんな向上心って、すばらしい！ でも難しいのは、なかなか続けられないこと。続けてこそ効果のあるものだけに、もどかしいところです。

だから大切なのはとにかく続けることであり、たとえ腹筋1回だけでもいいのです。「1回でいいからやる」「1ページでいいから読む」と、取り掛かるハードルを下げられるだけ下げる。

結果、「スクワットを1回やろう」と始めてみれば3回くらいはやれてしまうもの。たった数回でも毎日積み重ねれば月に100回となり、確実に筋肉はついていきます。「1日1捨て」も同じ理論ですね。

本も同じように、「1ページだけ読もう」と思えば本当にわずかな隙間時間でも開くことができます。読書はつい「読む時間がなくて」と言い訳してしまいがちですが、本当はいくらでもあるんですよね。勉強のための本となるとさらに食指が動かないので、すぐ手に取れる場所に置いて「1ページだけ」を実践し続けています。最初は10ページと思っていたのだけれど、それだとやっぱり、億劫なんですよね。

ダンベルで筋トレを始めたとき、最初はハードルを下げて「左右5回だけ」と決めて、1日1セットだけやってました。今は左右10回を1日3、4セットやるのがすっかり習慣になりました。握力は24kg→30kgにアップ！

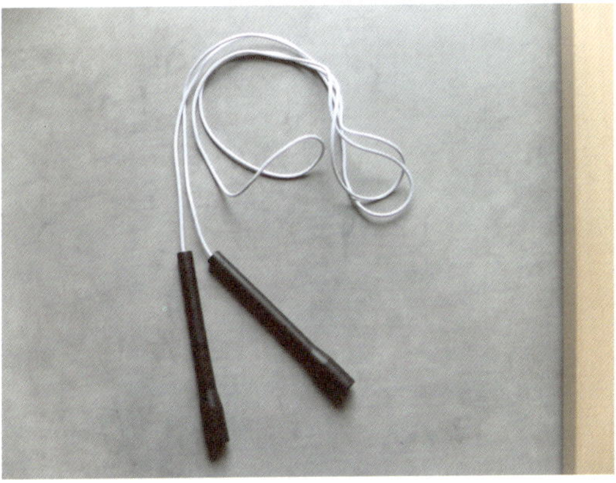

長男が縄跳びが好きでよく跳んでいるのを見て「私も習慣にしたい！」と毎日前跳びを20回やることに。今では100回を3セットできるようになりました。継続は力なり。

今日はこれ！

たとえばスクワット、今日1回だけやってみて。毎日同じ時間にアラームを鳴らすのもよい手です。

DAY 56 ざっくり収納でもOKにする

モノの定位置を細かく仕切って分けると、入っているときは気持ちがよくても、戻すときに億劫で出しっぱなしにしてしまいます。分類はだいたいで、どこかに放り込むだけでいいざっくり収納はとてもラク。

わが家の収納はだいたい、かご（中身：バッグ類など）、引き出し（日用品など）、ボックス（サプリメントなど）に放り込み収納。モノが少ないのでぎっしりにはならず、取りたいモノがすぐに見えます。ゆとりがある状態なので、新顔を加えることもできます。

ただし、モノが多い状態でのざっくり収納は、探し物を生み出してしまいそう。パッと狙いのモノが見えるようにするには、かごなどを増やして分散させなくてはなりません。するとスペースを食うし、どちらのかごに入っているのかわかるようにと工夫が必要になってきます。

ざっくり収納をしてみて、うまくいかなければモノが多すぎる合図かも。そこにいらないモノが入っていないかの目線を持つことが大切だと感じます。生活に役立てるために買ったはずでも、持っていることでマイナスになってしまったモノは、確かにあるのです。

毎日10種類以上のサプリメントを飲んでいるのですが、サプリメントは無印良品のファイルボックスにざっくりと収納しています。カラフルなサプリメントのボトルは隠す収納がベスト。

1日に何度もティータイムをするので、緑茶、コーヒー、ルイボスティー、ナッツなどはかごにざっくりと収納し、すぐ手に取れるようにしています。かごはウォーターサーバーの隣が定位置。

今日はこれ！

戻しにくい収納を探してざっくり収納に変えてみよう。
「そこに絶対必要」なモノ以外は入れないのがポイントです。

DAY 57 悩みの種は隠すか、なくすか

　リビングに置いた丸テーブルは、ちょっと書き物をするのによいお気に入りの場所。ただ、その下に電源が集まり、黒いコードの塊が目立つのが悩みの種でした。デスクランプ、スマホの充電、ウォーキングマシン……電源の必要なツールの多い現代人共通の悩みかもしれません。

　これが一挙に解決したのは、無印良品の「スチールタップ収納箱」のおかげ。シンプルに、見せなければスッキリなのです。

　今わが家にはテレビがないのですが、あったときにはテレビ裏にすぐ溜まるホコリが気になって仕方ありませんでした。テレビをなくすと同時に、電気代、ケーブルテレビ代、NHK受信料がなくなり、いろいろな方面で心晴れやか。配線の問題ももうありません。

　ほかにも、家のなか全体で「生活感の強いもの」はなるべく隠れるように配置しています。ティッシュはバスケットに。リモコンは引き出しのなかに。

　色鮮やかな調味料たちも、丸いトレイにのせて普段はリネンをかけて。オープン収納にしていても、布1枚で見た目の情報量が全然違います。

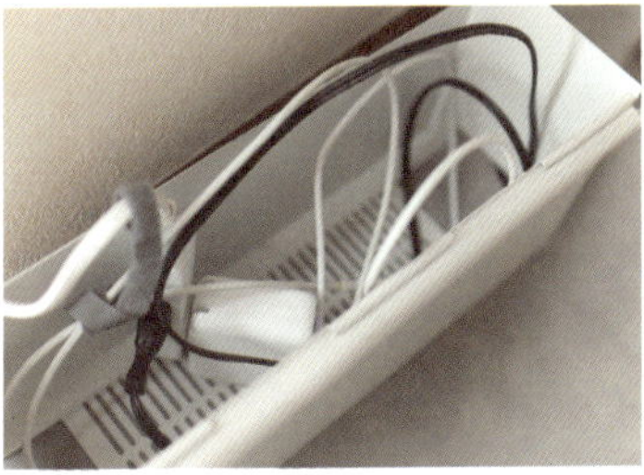

無印良品の「スチールタップ収納箱」を丸テーブルの下に設置。充電ケーブルやデスクランプのコードなどをスッキリ収納しています。これがあるのとないのとでは、空間のスッキリ度に大きな差が生まれます。

食卓に出す調味料のトレイ。わが家は基本薄味で調理し、食べるときに各自塩などの調味料をプラスして食べます。私は沖縄のぬちまーすの塩をプラスするのが好きで、長男と次男はホットペッパーソースや黒胡椒を振るのがお気に入り。

今日はこれ!

部屋を見回して、最も生活感丸出しのところを特定してみよう。隠す方法をあれこれ試してみて。

DAY 58 お気に入りでも、数はいらない

帽子が好きで、キャップなどは6つも7つも持っていました。けれど結局、とくに使いやすい1つしか手に取らないんですよね。使われないキャップはしまわれたままで、ただ収納スペースを占めていました。ハッと気づいて2つに絞りましたが、やっぱりなんの不都合もありません。

マフラーやネックウォーマー、ストール、スリッパ、計量カップ、ブラシなども家のなかで増殖しがちなモノたち。予備のラグ、大量のランチョンマットやトレイ、必要以上のシーツ――。気に入ったアイテムほど増やしてしまいがちで、だからこそ思い入れも強く手放しにくいもの。けれど、「必要以上」を手放して損をすることはほぼありません。きっと、手放したこと自体を忘れてしまいます。逆に、スペースや時間を生み出すなどプラスなことばかり。

自分で選んで残したモノだけになった引き出しや収納は、輝きます。開けると気持ちがいいので、意味もなく開け閉めしたくなるくらい。家のなかの収納スペースがそんな気持ちのいいパワースポットになれば、暮らしているだけで心が躍る毎日になりそうです。

玄関前のクローゼットには帽子やエコバッグを収納。帽子は深めのキャップひとつと、つばが広めの日よけ帽子がひとつ。

ネックウォーマー（マフラー）はひとつだけに。sowanの遠赤外線加工されているもので、リブ編みでとても柔らかく肌触りがいいのでお気に入り。

今日はこれ！

たくさん持っているモノを家のなかから見つけてみよう。「1捨て」のいい候補です。

DAY 59 スマホを使って時間を貯める

スマホの音声機能を多用しています。メールやブログをスマホで書いているのですが、フリック入力より音声アシスタントを使った方が早くてラク。「○○さんにメール」と言えばパッとメール画面を出してくれるのだから、なんだか「未来」ですよね。スマホに向かって「○○さま　改行」なんてハキハキ話す私の様子を、子どもたちがまねしてネタにしています。

ウォーキング中などにふとアイデアを思い付いたときも、音声メモ。パッと書き付けられるだけでなく、家に帰ってから「なんだっけ」と思い出す時間も不要になっています。

また、宅配便の再配達依頼はLINEで。電話と違って一瞬で済ませることができます。集荷の依頼もスマホ上で行えば、伝票を書く手間がいりません。ネットショッピングもバーコード決済も毎日のようにすることだから、積み重ねればどれだけの時間をスマホに生み出してもらっていることだろうと思います。

ただ、つい開いてしまいがちなSNSやゲームなど、時間を費やしすぎるアプリは、ホーム画面の3枚目以降に移し、開きにくくしています。

傍から見るとおもしろいけど
とっても便利なんです！
テン
マル
よろしくお願いいたしますマル
改行、みしぇる

今日はこれ！

音声入力を試してみましょう。検索にも便利です。

DAY 60 買い物は自分軸で

「みんな普通に持っているモノ」「どこの家にも備わっているモノ」は、そろえておくべきだという考えが以前はありました。「1日1捨て」を続けるうちに、自分の価値観でモノを見る力がついてきたのか、「いや、うちには不要だな」と判断できたモノがあります。

たとえばテレビ。つけるといやな気分になることがたびたびあり、自然と見る頻度が減っていました。それに加えて、家族はそれぞれ自分のスマホで動画配信サービスなどを楽しんでいます。子どもたちに勧められ、みんなでアニメを観ることも。なんとなくだらだら観るテレビより、ずっといいなと感じています。

同じように、プリンターも使用頻度が低いので手放しました。インク代はいらないし、必要なら近所のコンビニで出力できます。

逆に、一眼レフのカメラは自分にとって大切なモノ。iPhoneでも十分ですが、やはり写りが違うので買ってよかったと感じています。スピーカーも2台購入しました。仕事スペースと玄関の2カ所に置くことで、1階全体がカフェのようにいい音の聞こえる空間に。これからも、自分を軸に家に入れるモノを選びたい。

「1日1捨て」のおかげで
要不要の判断がつくように。

今日はこれ!

実は不要かもしれないモノを探してみましょう。テレビ、炊飯器、ソファ前のローテーブル……。絶対に必要ならそのままでOK。

DAY 61 持ち服を循環させる

私の使うクローゼットは、半分が余白です。吊るしているのはワンピース、スカート、コートで、そのほかは棚板に2〜3枚ずつ置いています。雰囲気としては、ショップに並んでいる服のような様子。どれも取りやすいので、今が適量と感じています。

服も持ちすぎないようにしていますが、少ないとどの服もヘビロテするので、傷むのが早いのは正直なところ。3年も4年も使えません。なにしろ「まだ着られるのに」という罪悪感が湧かないほど、毛玉やシミが付いたりしているのですから。このいいところは、定期的に買い替えが発生するので、そのときの好みに合った服を持てること。

逆に服が多いと、コーデに選ばれない服が増え、着られないから古びもせず、もったいなくて捨てられない。でも着たい服ではないから買っては増やす悪循環。最近、リビングに鏡を置いてからおしゃれが楽しくなり服が少し増えたのですが、新たに買ったらその分手放すことを意識して一定量に保っています。着たい服しかない少数精鋭のクローゼットは、コーデを本当にラクにしてくれています。

以前は洋服にお金をかけていましたが、今はおしゃれでそのときの自分にフィットしていて、さらにお財布に優しい服を選ぶようになりました。ヘビロテするから生地の傷みも早く循環速度もアップ。その分、シーズンごとに「そのときに着たい服」が着られるように。

クローゼットは洋服を取り出しやすいように、なるべく余白をつくるように心がけています。ざっくりと畳んで棚に収納していますが、「洋服を重ねて置くのは2枚まで」と決めています。

今日はこれ！

今日の「1日1捨て」は、服にしてみませんか？

DAY 62 段ボールは玄関で、外装はすぐにポイ

ネットで買い物をすることが多いので、よく段ボールが家に届きます。部屋の奥まで持ち込むと、そのまま置きっぱなしにしてしまいがち。タイミングを失うと、数日そのままなんていうことも……。

段ボールが積まれたままの部屋は殺伐としてくるので、届いたら受け取ったその場で開梱することにしました。そのために、カッターを玄関のクローゼットにスタンバイさせています。サインが必要な場合に備えて、ペンもここに。

その場で畳んだ段ボールは、玄関の収納にすぐにしまいます。まとまったら資源ごみの日に外へ。

実店舗で買ってきたモノも、すぐに包みを捨ててタグを切り、使える状態にしておきます。子どもがもらったプレゼントも、包装紙をすぐに取っていつでも遊べるように。ときに、買う服のタグをお店の試着室で切ってもらい、そのまま着て帰ることすらあります。

不要なモノを長くキープしないというだけでなく、使うために購入したモノだからすぐに使えるようにしておきたい。せっかちなくらいの早めの処理は、一石二鳥の買い物後行動だと思います。

段ボールを開封したり畳んだりするときに使うアイテムはすべて玄関のクローゼットに収納。無印良品の持ち手付き収納キャリーボックスを長年愛用しています。

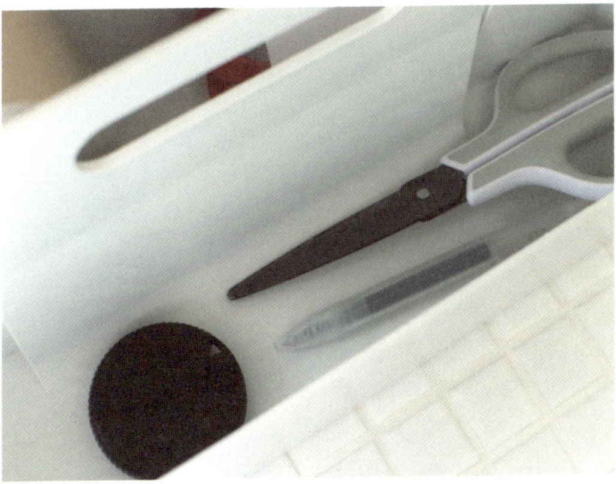

以前はカッターは金属刃のものを使っていましたが、まあるいミドリの「ダンボールカッター」に買い替え。セラミックの方がスッと切れるように思います。

今日はこれ！

玄関にカッターと段ボール収納のスペースをつくろう。

DAY 63 試しながら暮らす

お茶が好きで、“ゆるミニマリスト”を名乗るわりにティーカップはいろいろと持っています。せっかくの大好きなティータイムを、いろいろなカップで楽しみたいという気持ちがあるのです。ただやっぱり、お気に入りのカップばかりを手に取りがち。そしていずれそのカップは、空気のような存在になってしまうのです。

そこで最近、一番のお気に入りをあえて棚の奥に追いやり、違うお気に入りを前面に置くようにしてみました。「春はこの３種類を使おうかな」「気分に合うのはこのタイプかな」など、その時々に合わせてローテーションできるよう配置を試してみたのです。

いつも、「もっと快適にならないかな」「気分がさらに上がるやり方はないかな」と考えるクセがついています。気になるモノを、しまってみたり、手前に出してみたり、置く収納自体を変えてみたり。

やってみて違うなと感じたら、戻せばいい。よりよくなれば、「やった！」と嬉しい気持ち。あれこれ試しながら暮らす、そのこと自体が楽しみのひとつなのです。

そのときの気分で手に取るカップを変えて。アラビアのムーミンのマグカップと、パラティッシのカップアンドソーサーは長年愛用しています。

朝はリラックスしながらノートに向かい、温かいお茶やココアを飲んで1日を始めます。朝をいい気分でスタートするのがマイルール。

今日はこれ！

モノの配置を変えてみよう。器、ツール、文房具。気になるのはどれですか？

DAY 64 好きなモノを残す

「この部屋のモノ、どれを手放しますか」と聞かれると指せるモノは少ないと思います。ところが反対に「どれを残しますか」と聞かれれば、「これは残したい」と指さないモノのなんと多いことか！

「1日1捨て」を続けていると、だんだんと感性が磨かれていき、自分の好みも明確になっていきます。使っていて気持ちのいいモノ、手に取るときになんとなく嬉しくなるモノ。モノへの意識が高くなるにつれ、手放すときに選別しやすくなると同時に、無駄なモノを買わなくなっていくと思います。

フォーカスするのは、“使っているとき”どう感じているか。たとえば大好きな花瓶があるとしても、使うことがほとんどなければ「使うのが好き」とは言えません。靴、カバン、グラスなども、大好きだけれど使う機会はない、というモノが生じがちです。

スペースが潤沢にあるのなら取っておいても問題はないでしょうが、もしそこが使いにくい空間になっているのなら、本当に使うモノのために手放すことも、よりスムーズで心地のよい暮らしへの大きな一歩だと思います。

ホルムガードのフラワーベースは一番のお気に入り。花の色や雰囲気に合わせて、クリアとスモーク色の花瓶を使い分けています。

花やグリーンがあるだけで、部屋は居心地のいい空間に。花はつねに絶やさずに、キッチンやダイニングに飾っています。

今日はこれ!

花瓶や靴から「絶対残したいモノ」を選んでみよう。

DAY 65 自分の体に耳をすませる

少し前に、コンビニスイーツにはまった時期がありました。おいしいのだけれど、なんとなくだるくて疲れやすくなったような。いつの間にかソファに横になっている自分に気づきます。糖分の摂りすぎは、私の体に合わないようです。

そして朝起きてからちょこちょこ水を飲んでいると、目覚めがよく快調。がぶ飲みではなく一口二口を含むことを心がけ、1日に1.5ℓは飲んでいるのではないでしょうか。すると調子がいいのです。

ただ、これは私の場合で、バイオリズムや体質によってさまざま。大切なのは、自分の体に耳をすませて変化を感じ取ることだと思っています。水ひとつ取ってみても、適量には個人差があります。

今、甘いものを食べたくなったらプロテインを飲んでいます。筋肉と健康のため、1日にタンパク質を50g以上摂れたら理想だなと考えているので、朝から卵を2つ食べたり、昼ごはんに鶏むね肉を入れたり。食事で足りない分は、プロテインで。こうしていると、不思議と「甘いものが食べたい！」という欲求が湧き上がってこず、一石二鳥なのです。

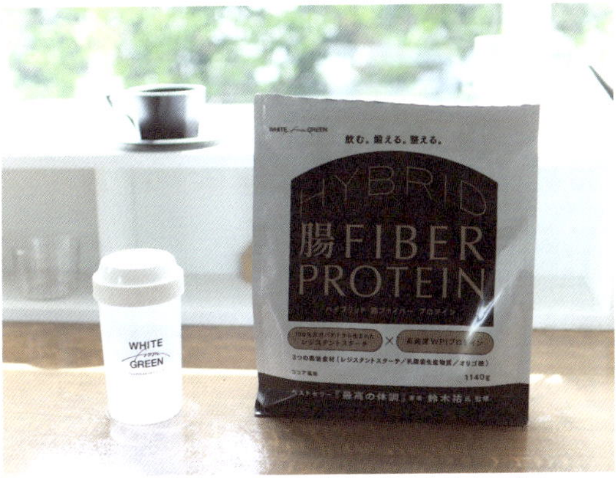

ホエイプロテイン、ソイプロテイン、チョコ味、抹茶味、プレーン……さまざまなプロテインを試してきましたが、今一番のお気に入りは健康本の著者・鈴木祐さん監修の「ハイブリッド腸ファイバープロテイン」。

お腹がごろごろしにくいWPIのホエイプロテインをベースに、レジスタントスターチ、乳酸菌生産物質、オリゴ糖が配合されているので同時に腸活もできて◎。甘さ控えめでとってもおいしい！

今日はこれ！

今日のごはんはタンパク質多めを心がけて！　年を取っても必要量は減らないと聞きます。

DAY 66 人間関係の余白を持つ

気が合うわけではないグループとのお付き合い、帰ってくるとぐったり疲れるということってありますよね。ママ友だったりすると、子ども同士のことがあるので、より簡単に離脱とはいきません。

私の場合は、本当にたまに参加するといった関わり方をしていました。会えば「げんきー？」と立ち話はするけれど、遊ぶ約束はしない距離感。それくらいなら、平和で気楽に過ごせます。

長くいるとストレスを感じるような人と、無理に付き合う必要はないと思います。「忙しくて」など理由をつけて、うまく断りたい。価値観はそれぞれ違うものなのだから、無理して一緒にいなくてもいい。同じ時間なら、気の合う人、一緒にいて楽しい人と過ごしたいもの。

ポイントはやはり、遊んだ後のLINEのやりとりで「またやりたいね」に乗っからないことかと思います。「楽しかったね、ありがとう！」と感謝の気持ちを伝えて、またお誘いがきても「ちょっと予定があって」と軽やかにお断りする。そのうちに、本当に気が合う人との心地いい付き合いが広がっていきました。

今日はこれ！

ときにはNOを言うことも大切。気の合う人との付き合いを大事にすればOK！

DAY 67 キャッシュレスで得た意識

少し前まで支払いは現金主義でした。“お金を使った”感覚がしっかりとあるし、どれだけ手持ちが減ったのかわかる安心感がありました。けれど楽天ポイントを貯め始めてから、楽天ペイというバーコード決済を利用するように。

今さらながら、レジでの支払いがパッと終わる快適さに感動しています。小銭を探す必要もなく、一瞬。もう大きい長財布はいらないなと、小さな財布に持ち替えました。それに伴い、ポイントカードの整理もしました。本当によく行くお店のものだけ、それもアプリに移行して。カバンのなかがスッキリと軽くなりました。

また、家計簿をつけていないので明細が残るのもありがたいところ。ピッと一瞬で払えてしまうと、払った実感が湧かずにお金を使いすぎるかもという危機意識から、かえって節約を心がけるようにもなりました。「これはムダ遣いにならないかな？」といちいち考えるように。最近車を手放せたのも、この意識の延長線上にあったように思います(p184参照)。バーコード決済を取り入れたというだけでいいことずくめです。

今日はこれ!

キャッシュレスに移行するメリット・デメリットを書き出して、お金の使い方を意識し直してみましょう。

DAY 68 小さな模様替えで気分を変える

部屋はずっと同じであるより、変化のある方が新鮮な気持ちで過ごせます。ちょっとした、簡単な変化でも十分なリフレッシュに。掃除の手もすみずみまで伸びそうです。

たとえばクッションカバーを変えてみたり、花を飾る場所を変えてみたり。私がよくする小さな模様替えは、こんな感じです。

・ダイニングテーブルの角度を90度変える
・ドライフラワーにするつもりの切花を
　そのままカウンターに置いてみる
・ランプシェードを違うものにする
・テーブルクロスをカーテン代わりに
・ソファカバーを変える

とくに、季節の変わり目には部屋の印象を変えたくなります。冬場はカーテンを取り払って日光をたくさん入れて、春夏は爽やかな色合いの布を吊り下げて。毎日の暮らしは同じことの繰り返しだから、生活の風景を「よりいい感じ」に寄せるだけで、部屋をきれいに保つモチベーションが上がります。総じて、幸せ度や元気度が上がるのを感じるのです。

季節に合わせてクッションカバーを変えると、それだけで気分も一新。カバーの柄を統一しないのが、私の小さなこだわりです。

小さなブーケを買って、包装紙に包まれたまま、棚の上やカウンターなどに置いて数日楽しみます。その後は麻糸で縛って、キッチンやダイニングに吊るして1～2週間乾燥させます。

今日はこれ！

カバーをひとつ変えてみましょう。家事がちょっと楽しくなるかも！

DAY 69 窓を開けて風を通す

長い時間、閉めきった部屋にいると、空気がよどんできているのに気づかず過ごしてしまいがち。窓を開けて新鮮な空気を吸って初めて、「空気の滞った場にいたんだな」と自覚します。

空気の滞りは、湿気やにおいも溜め込みます。二酸化炭素が増え、頭がボーッとしてきます。徐々に溜まるので慣れてしまうけれど、二酸化炭素、結露、カビ、ダニ、においに全身を包まれ、それを体内に取り入れて暮らすのは体にも心にもよろしくありません。

1日に1回とは言わず、意識して何度か換気するようにしています。風が抜けるように、2カ所以上の窓を開けて。真夏はどうしてもエアコン頼みになってしまいますが、せめて掃除のときくらいは開けるようにしています。花粉の時期は、まだ飛んでこない朝のうちに家じゅうの空気を入れ替えて。

外とのつながりを感じられる家は、いるだけで気分が軽くなるような気がします。なるべくモノを床置きしない、窓の前にあれこれ置かないといった“巡りのいい部屋”を心がけています。

5月からの初夏、秋には窓をほぼ1日中開けて空気を循環させています。真冬でも天気のいい日は朝数分だけ窓を開けて、新鮮な空気を部屋に取り入れます。

今日はこれ!

今日は何回外の風を通しましたか？　窓を開けて換気扇を回すのも効果的です。

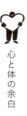

DAY 70 子どもの「やりたい」をサポートする

長女は中学3年生になったとき、「週5で塾に行きたい」と自分から言いました。お金はかかったけれど、できるだけのサポートをしたいとその面では母もがんばりました。あとは信じる。心配はしない。心配をしてストレスを溜め、それを長女にぶつけることになってもしょうがないから。

そもそも、第1志望に受からなかったとしてもほかに道がいくらでもあります。長女ががんばったことは必ず何かにつながるのだから、失敗なんてないのです。

家でのんびりしていても、成績が落ちても、それは長女の人生であり私は何もできません。母は、ごはんをつくって、きげんよくいればそれでいい。人には波があって当然です。塾でがんばっているのだから、家で羽を休めることも必要でしょう。基本的に「なんとかなるさ」という考えなので、「よくやってるよ」「大丈夫だよ」という声掛けをしていました。

今、長女はかつての第1志望とは違う学校に通っています。新しい友達をつくって毎日が楽しそう。受験時代の塾で基礎学力をしっかりつけられたので、勉強もスムーズにいっているようです。

長女は今年の春に高校生になり、毎日楽しく学校に通っています。やりたいことをいつも陰ながらサポート。カフェでバイトをしてみたいと言っているので、見守りたいと思っています。

長男は高校卒業後の進路に迷った末、合格した大学を蹴り、1年間やりたいことを全部やることに。プログラミングの勉強、バイト、キックボクシング、語学留学、車の免許取得、起業。充実した毎日を過ごしています。

今日はこれ！

家族がそれぞれがんばっていることに目を向けて、自分なりの応援ができる幸せをかみしめましょう。

DAY 71 一石二鳥の家事をする

あまり家事が好きではないので、それだけに集中するのは少し苦痛。退屈を感じてしまいます。同じ時間を過ごすなら、「健康を維持できる運動」や「自分を向上させる学び」も兼ねて、お得に楽しく過ごしたい！

という考えのもと、掃除にスクワットの動作を織り込んでみたり、早歩きで家のなかを移動したり、洗濯や皿洗いをYouTubeでの勉強時間にあてたりもしています。

すると時間があっという間に過ぎ去るので、家事の負担を感じる暇もなく、終えた後の満足感も「きれいになったうえ運動できた」と非常に高い。意識して背筋を伸ばしたり、表情筋のトレーニングをしてみたりとちょっとしたことなのですが、「あれもこれもやった」が重なると心が満ちてきます。

最近よく観るYouTubeは、70代や80代で元気な方のチャンネル。彼女たちのものごとへの取り組み方や食事などを観ているととても勉強になります。人生の大先輩たちがいきいき過ごしている様子を観るだけで、「自分も運動しよう。健康に気をつけよう」とモチベーションが上がるのです。

今日はこれ!

今日の掃除は大きな動きで。炊事中のかかと上げ下げもおすすめです。

DAY 72 食洗機はすぐに空にする

以前は食洗機が埋まるまで稼働させないようにしていたのですが、ぎゅうぎゅう詰めでは汚れが落としきれなかったり、乾燥しきらなかったり。また順番待ちができるとカウンター上に汚れた食器が溜まって、不衛生でもあります。次の料理をしようかな、と思ってもスペースがなくてやる気が失せたり、使いたいモノが洗われていなかったりと不都合が多々ありました。

そこで今では、なかが半分でも回すようにしています。最大でも7割くらいが理想的で、するとキュッキュと気持ちよく仕上がるのです。食後すぐに回せば、カレーでも頑固なこびりつきにならずスッキリきれいに。

そして食器が洗い上がったらなるべく早く、食洗機のなかの器を棚に戻すことを心がけています。うっかり忘れていると、次の作業がスタック。全自動の罠で、器を入れてスイッチを押したら安心してしまいます。そして次の食器が入れられない。

これは水切りかごでも同じで、「皿洗い」と一口にいっても「乾いた器を収納する」も含まれます。パートナーともその意識を共有しておかないと、名もなき家事としてスルーされがちな部分。意識共有が要ですね。

18歳の長男は母の強力な助っ人。料理はもちろん洗い物なども率先して手伝ってくれます。2人で台所に立って料理をするのが、週末の楽しみになりました。

木製のおたまや箸、大きな鍋やフライパンもすべて入れます。食器を入れるのにかかる時間は数分で、食器を棚に戻すのも数分で完了。食洗機用の洗剤はiHerbで環境にやさしいものを定期購入。

今日はこれ！

食洗機や水切りかごの食器を、早め早めに片付けてみましょう。なんだかんだ、ラク。

DAY 73 飾らない壁を設ける

「1日1捨て」でモノを減らして余白ができるにつれ、「何か飾ろうかな」と無印良品の「壁に付けられる家具棚」を増やしていった時期がありました。家全体でその数、10。もともとが雑貨好きなので、きれいになった部屋に好きなモノを飾りたかったのです。

ただ、さらにモノを減らしてスッキリ度が増してくると、今度は飾りがジャマなような気がしてきました。「こんなにいらない。少しでいい」と自分のなかの適量が定まってきたようです。

10個も同じ棚はいらないとわかったものの、棚自体がお気に入りすぎてパッと手放す気にはなれませんでした。そこで、壁から取り外したら「一時置きボックス」に保管。不要だと納得できたら手放すことを繰り返し、3個にまで減らすことができました。

何もなくなった壁を見ると、これまで目から入る刺激が多すぎたなと実感します。そして本当に少しだけ置いた選りすぐりの飾りが、より引き立てられているのがわかります。整頓されたお寺の床の間に一輪挿しがひとつ置かれているかのように、心に静けさをもたらしてくれるのです。

以前は無印良品の「壁に付けられる家具棚」を設置していましたが撤去しました。壁にモノを飾らないことで、テーブル上のランプや花瓶が際立ちます。

マグネットボードが付いている無印良品のデスクを愛用。以前はボードにびっしりとペンポケットや仕切り付きポケットをくっつけて大量の文具を収納していましたが、余白がほしかったのですべて引き出しに収納しました。スッキリ！

今日はこれ！

壁の１面だけ、何も置かないように模様替え。片側にモノが増えたとしても、部屋全体の印象はスッキリします。

DAY 74 出しっぱなしにするのはこだわりのモノだけ

わが家の１階は、部屋数が少なく、メインはLDKと、トイレやバスルームなどのサニタリーのみ。そこに大きめのごみ箱を計４カ所置いていました。子どもたちに「きちんと捨てる」習慣をつけてほしかったのです。

子どもが大きくなった今となっては、こんなにいらないかなと２つに減らしました。動線上にあるせいかとくに支障なく、家族からのクレームもありません。暮らしていて目に入ってくるものは、なるべく自分の好きなモノに限りたいと考えています。それも、見えると心が温かくなるような、眺めてやさしい気持ちになれるような、“相当選ばれたモノ”だけに。

ダイニングには飾り棚が２つありますが、ぎっしりとは置いていません。きっと上級者なら、たくさん置いてもモノの素材感や色味、デザインなどを見事に調和させられるのでしょう。私はそうではないので、お気に入りを少しだけにしています。

改めて見ると、ティータイムが好きなせいかポットやカップといったお茶の道具が多めに飾られていることに気づきました。私がホッとできる、私らしい部屋だなあと感じます。

ダイニングルームのオープンスペースにはオーク材の飾り棚を置き、お気に入りのモノだけを飾って。背景のグリーンは春にはツツジ、冬にはサザンカが咲き、雑貨たちの表情も変わります。

長年使っているシンプルな佇まいのクード(kcud)の「ダストボックス」。スリムながらもごみがたっぷり入ります。

今日はこれ!

部屋の1カ所だけでも、お気に入りのモノしか目に入らないスペースをつくってみましょう。

DAY 75 賃貸でも自分らしく暮らす

築35年の古い一軒家を借りて住んでいます。とても気に入って10年暮らしていますが、床の劣化と色合いが気になり始めました。そこで、1階全体にクッションフロアを敷くことに。

ダイニングには以前白い木目調のものを敷いていたのではがし、モルタル調のグレーを敷き詰めました。リビングも同じものを敷いて雰囲気を統一。キッチン側から廊下にかけては、くすみブラウンの木目調で、ずっとやってみたかったモルタル＋木目の2トーンを叶えました。範囲が広くて大変なので、便利屋さんに手伝っていただいたのは大正解！　専門業者よりお安く、上手で、大満足の仕上がりです。

また最近、大家さんの了承を得てキッチンのすりガラスを透明ガラスに変えました。緑が見えて環境激変。大家さんも「前よりいい」と喜んでくださいました。

家の様子は経年で変わっていくし、自分の好みもずっと同じではありません。そのときに合わせて、賃貸でもこんなに変えていけるのです。賃貸でもあきらめず、「やってみる」「相談してみる」でいいことがありそうです。

ビフォー：玄関の床は光沢のあるダークブラウンで薄暗く、入居時からずっと明るい色の床にしたい！　と思っていました。

アフター：敷いたのは、東リの明るめブラウンのクッションフロア。廊下がパッと明るく生まれ変わりました！

今日はこれ！

床が気になっているなら、ひとまずはクッションフロアやタイルのサンプルを取り寄せてみましょう。

DAY 76 休むときは全力でダラダラする

つい横になりたくなる……。それは、怠け心ではありません。体や心が疲れているということ。元気だったら、横になりたくなったりしないから。だからしっかり、休みましょう。疲れたら休む、眠ければ寝る、お腹が空いていないときは無理をして食べない——体の声に耳を傾けるのは、大人の一番の仕事です。

理想は、静かな寝室へ行ってしっかりと睡眠をとること。私は毎日、14時から30分間昼寝をするのが習慣です。これで、そこまでの疲れがリセットされ、夕方以降を元気に過ごすことができています。

とはいえ、スマホやテレビを見ながらダラダラするのも休息なんですよね。その間は嫌なことを忘れ、楽しいことに目を奪われ、心身を休めているのですから。罪悪感など持つ必要はないのです。思う存分、ダラダラしようじゃありませんか！

疲れているのは毎日をがんばっている証拠です。普段時間に追われている人ほど、しっかりとゆるむ時間が大切です。自分のために好きなように時間を使うことで心の余白が生まれれば、仕事や家事もスムーズに回り、また余白ができる好循環になります。

今日はこれ！

自分の体と心に「疲れてない？」と聞いてみて。凝っていたらお風呂に入ってストレッチして、眠ければ寝て、遊びたければ遊びましょう。

DAY 77 夜はあれこれ考えない

1日がんばった体は、夜になれば当然疲れています。そんな状態で“悩みの種”について考えても、どうしたってネガティブに傾いてしまいがち。寝つきも悪くなって、次の日に影響してしまいます。

考えごとをするのは、朝がベスト！　体がまだ元気で、集中力も高く、いいアイデアが出やすい時間帯です。一晩置くことで、迷いや悩みから一歩引いて俯瞰的に考えられるのもメリット。朝にノートを書いて、頭のなかを整理しながら。感情に流されるというよりは理性的に考えるようにしています。夜のうちに悩みすぎて、うっかり取り返しのつかないLINEでも送ってしまったらコトですから。

どうしても夜に考えに囚われてしまうときは、ひとまず自分を労わりましょう。ゆっくりお風呂に浸かって、好きな音楽をかけ、アロマを焚いて、おいしい飲み物を飲む。「考えるのは明日」と自分に言い聞かせて、リラックスしてから眠りについてください。思考というのは考え続けていると止まれなくなるものだから、切り替えは早いほどいい。好きな動画や本など、違うところに早めにフォーカスしましょう。

自分にぴったりのリラックス法を
探れると良いですね。

今日はこれ！

今晩は寝る前に自分を労わり、満足感に包まれて眠ってください。

とある日の TIME TABLE 午後

午前中は仕事も思考も運動も
しっかりアクティブに過ごすので、
午後はゆったりにしています。
オンオフの、オフ時間。

→ 午前中のタイムテーブルはp74へ

Time Line

12:00

ひとりで昼食

朝に蒸しておいたさつまいもと鶏ハムサラダ。

13:00

読書をしたり、相撲を観たり。

14:00

昼寝

基本的に30分。疲れていたり生理中で眠いときは1時間。

15:00

公園を何周かウォーキングし、目を覚ます。ときに遠回りをしながらスーパーへ向かい、今日の分の食材買い出し。リュックサックで。

16:00

下校してきた子どもたちと、おやつタイム。

17:00

両親と電話で話す
ウォーキング
夕食の準備

18:30

夕食

19:00

子どもたちとリビングで雑談。L字ソファがお気に入りの雑談スポット。

21:00

お茶を飲みながら書籍執筆、教材作成（繁忙期）。

22:00

動画や相撲鑑賞など。

22:30

洗顔、スキンケア、ストレッチ
1分間のリビングリセット

23:00

寝具を味わい、愛でながら就寝
よい気分で眠りにつくと、翌朝気持ちよく起きられる。昼寝を合わせてなるべく7時間以上眠るように。

DAY 78 管理できていればよしとする

どれくらいまで物量を減らせば合格？　そんな基準はありません。適量は人それぞれで、管理できていれば問題はないのです。管理できているというのは、「何をどこに持っているか把握できている」「出ししまいがスムーズ」「清潔」な状態。

私は管理能力が低いので、かなりモノを減らして自分がラクに暮らせる適量にたどりつきました。

一方で、「探し物がある」「持っているのに同じようなモノを買ってきてしまう」「取り出しにくい」などがあれば、管理できる量より多く持ちすぎてしまっている合図かも。ふとしたときのモヤッとした気持ちを見て見ぬふりすることなく、そのセンサーを重視してモノと向き合っていきたいと思うのです。

ただ、やみくもにモノを手放していくのは違うとも思っています。モノと向き合うことなく手放した結果、不便を感じるのでは本末転倒。目指すのは、暮らしを楽しむための適量です。たとえば、趣味のモノにはしっかりスペースを取って豊富に持っていてもいい。モノの持ち方にも、自分軸をしっかり持てたらと思うのです。

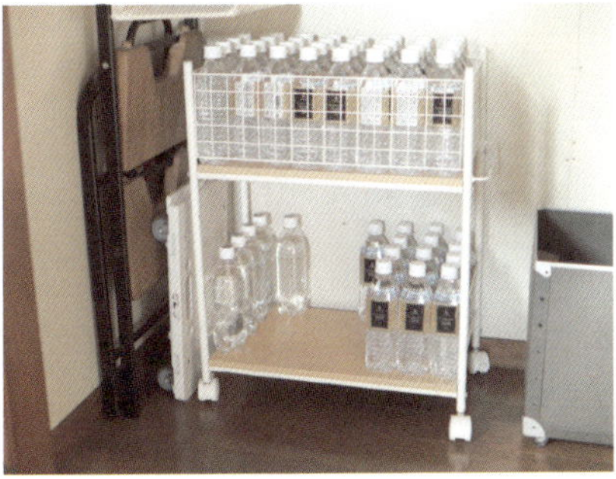

わが家は家族全員が毎日水をたっぷり飲むので、ミネラルウォーターのペットボトル48本入りを箱買いしています。買いすぎないように、本数が3分の1以下になったら楽天やAmazonで注文します。

お気に入りのプレートや精油はアンティークのシェルフに飾って見せる収納をしています。インテリアが好きで、以前は雑貨を山ほど持っていましたが、「1日1捨て」で9割手放し、お気に入りのモノだけ残しました。

今日はこれ！

管理できているな、という収納があればそこに着目してみましょう。ほかの場所も、目指すのはその使いやすさ。

DAY 79 家を所有しない

転勤族のわが家は、ここ10年ずっと同じ賃貸の一軒家を借りて住んでいます。もう築35年を超えた物件で、最近は備え付けのエアコン、食洗機などを総入れ替え。賃貸のため、大家さんが替えてくれてコストはゼロでした。そしてどこか不具合のあるときは、不動産屋さんにいつでも相談できるのがありがたい。そんなところも、賃貸のよさです。

また、いつでも移っていけるという自由が心のゆとりにもつながっています。たとえご近所問題や学校問題で悩んでも、いざとなれば引っ越せばいいという気持ちでいられます。

将来、子どもたちが巣立った後は、横浜、沖縄、山形、ハワイ……と拠点を変えながら生活してみたいという夢も持っています。ボストンバッグひとつで旅するように暮らしてみたい。毎日が日曜日のようなウキウキする人生を送りたい。

「そんなの絶対ムリ」なんて、それこそ思い込みかもしれません。したい方へ、望む方へと顔を向けて、一歩ずつ近づいていきたい。軽やかな暮らしを心がけて、夢を叶えられたらと考えています。

今日はこれ！

いくつになっても夢があるのは楽しいこと。ひとつ考えてみましょう！

DAY 80 理想の住まいを明確にする

漠然と「素敵な部屋にしたい」と思っていても、目指すところがあやふやでは途中で迷子になってしまいます。私はよく、インテリアショップに足を運んでインスピレーションを得ていました。家具だけでなく食器や日用品にも統一感があり、学びになります。

今考える理想を書き連ねるのもいい方法。「収納がラク」「温かい雰囲気の照明」など、書き出すことで軸が定まってきます。反対に、今の家の不満なところを書いて、その課題をクリアしていくのもよさそう。「部屋の入口がなんとなく通りにくい→近くにある棚をどかす」「風通しが悪い→サーキュレーターを導入する」という感じ。

Instagramなどで、好きな雰囲気の部屋の画像を保存していくのもおすすめです。「必ずグリーンがあるな」「どの部屋もカーテンが軽やかだな」など、自分でも気づかなかった好みの傾向がわかってきます。

理想に必要な家具やインテリアは徐々にそろえていくとして、そのためにもモノを減らしておくことは大切だと思います。余白がなければ、新たなモノをスムーズに導入できません。

ルイスポールセンのランプは2つ愛用していて、玄関とリビングに設置。曇りや雨の日は朝からつけて、眩しすぎない柔らかな灯りを楽しみます。

理想のダイニングにするべく、憧れのカール・ハンセン&サンのYチェア「CH24」を購入。座り心地も抜群です。

今日はこれ！

理想の部屋づくりのためのノートをつくりましょう。望むことや課題を見える化し、自室のビフォーアフター写真や、理想的な部屋の切り抜きを貼って楽しんで。

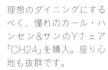

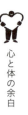

DAY 81 モノではなく、体験や健康にお金を使う

以前は、休日に子どもとお出かけといえば大きなショッピングモールへ買い物に行くことでした。買い物をして、お茶をして、と消費行動の連続。たとえ安いモノでも3人の子どもの分を買ったり食べたりしていれば大きな出費となりますから、その習慣をなくした今はかなりの節約になっていると思います。

今子どもと出かけているのは、小山になっている近所の広い公園。帰りにコンビニや自販機でアイスを食べはしますが、出費といえばそれくらい。みんなでウォーキングをするのでとても健康的ですし、買い物に出かけるより短時間なので子どもたちも気軽についてきてくれます。緑のなかを歩いていると、健康によいのはもちろん、心が晴れてくる。そのことを、子どもたちも体感しているのではないでしょうか。気持ちのいい道を歩きながらのアイスがまた、格別においしいんです！

お金を使うのは、少し割高でも無添加の食材。また夫が単身赴任しているハワイへ子どもを旅させたり、語学を学ばせたり。お金は有意義な体験や健康のために使いたいと考えています。

5月に山形に帰省したときも、毎日自然のなかを4人でウォーキングしました。子どもたちは自然が大好き。長男は将来山形に住みたいと言っています。

子どもたち3人は3学年ずつ離れていますが、みんなとても仲がいいです。長男と次男は6学年も離れていますが、未だに2人でラーメンを食べに行ったり、夜に一緒にランニングをしたりしています。

今日はこれ!

ショッピングセンターなど買い物に行く予定があったら、その後に公園散歩の予定を入れてみませんか？サクッと消費を切り上げてヘルシーに過ごせそう。

DAY 82 車を手放す

子どものころからずっと車のある生活をしてきました。だから、それが当然な気がしていたのです。

けれど今の環境を改めて考えると、バスや電車でどこへでも行けるし、タクシーもすぐ来ます。実家へは飛行機で帰るし、子どもは成長して送迎もない。反対に、都市部でのたまの運転はプチストレスでした。一方通行、細い道でのすれ違い、駐車場探し。だんだん乗らなくなり、バッテリーが上がらないようエンジンをふかす作業が必要になっていました。

そんな折、車検の見積もりに出したところ「サビが出ているので20万円です」とのこと！　古くて走行距離は14万kmの車。しばらく車なしで生活し、必要そうなら中古車購入を検討すればいい。もう、手放すことに決めました。

すると手放せたのは車体だけでなく、車検代、ガソリン代、税金などのコストと、管理の手間。公共交通での移動は本を読んだり、景色を眺めたり、仕事ができたりと時間も得られます。家の駐車場は空きスペースになったので、花の鉢でも置こうかとワクワクしています。

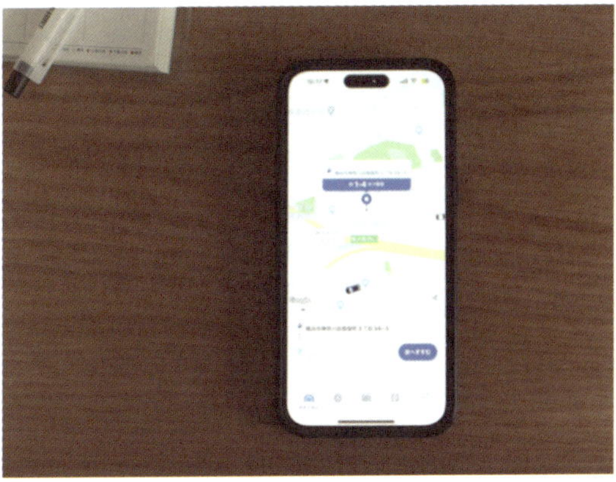

たまにタクシーを利用するのですが、そのときは「GO」というタクシーのアプリを活用します。タクシーを拾いにくいような場所でも、アプリですぐに配車でき、タクシーは通常数分で到着します。目安の料金や到着予定時間など、すべてが明確なので本当に便利！

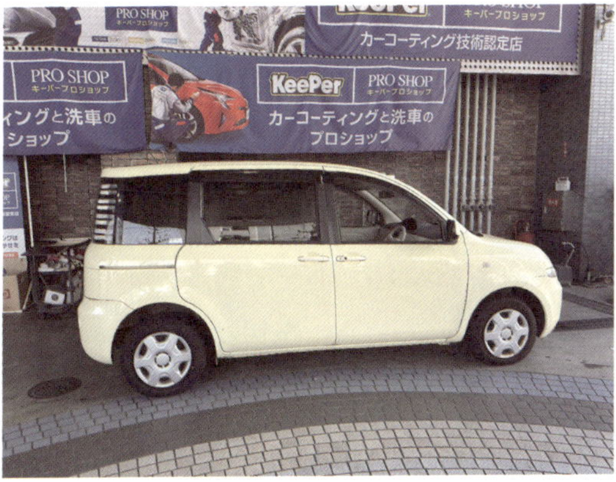

結婚してから車を持たない生活をしたのは初めてですが、これが想像以上に快適。「もっと早く手放せばよかった！」と感じるほど。

今日はこれ！

ほぼ使っていない車、自転車、子どもの遊具など、しばらく「ないもの」として暮らし、要不要を確認してみましょう。

DAY 83 扉を取り払って空間をひとつながりに

夫の転勤でカリフォルニアに住んでいたとき、壁やドアの仕切りがほぼなく開放的な家に住んでいました。ひろびろ、のびのび、今思えば理想的な家だったと思います。

そこで今の家でも、リビング、仕事スペース、ダイニングについている扉をすべて外してみました。１階は、トイレと廊下以外ドアのないひと続きの空間に。すると通るときに遮るものが何もなく、開け閉めの動作がないので快適に！　人だけでなく、光や風も通り抜ける爽やかで健やかな家になったと感じています。

また家族の声が届きやすく、お互いの気配をより身近に感じるようになりました。子どもたちも大きくなってそれぞれの時間を過ごすことがほとんどですが、隣の部屋にいても“同じ空間でリラックスしている”感覚が安心感をより増してくれています。

外した扉は、まとめて屋根裏部屋に収納。納戸スペースがない場合は、家具の背面やベッドの下などに置く人も多いようです。知人は、自治体のごみ収集サービスで扉を廃棄したのだそう。それだけで、家が広く感じるとスッキリした顔で話していました。

ダイニングとリビングを仕切っていた扉を2枚外して屋根裏部屋に収納。各部屋にエアコンが1台ずつあるので空調は問題なし。扉を外すことで空間につながりが生まれました。

ダイニングと仕事スペースの扉も2枚外しました。キッチンで料理をしながら、子どもたちの気配を感じることができるようになり、部屋もグンと明るくなりました。

今日はこれ！

扉やふすまを試しに1枚外してみましょう。それだけでガラリと印象が変わります。

DAY 84 大きいグリーンを取り入れる

去年の春、大きいウンベラータの鉢を２つ購入しました。Instagramで見て「こんな素敵な植物があるんだな」と印象に残っていたのに加え、植物園で実際に見たときに「葉のフォルムが好きだなあ」と愛が込み上げて。しかも丈夫で、初心者にも育てやすいのだそう。

これまでグリーンを飾るときは小ぶりなモノを選んでいましたが、大きいモノが置かれると空間がグッとしまりますね。リビング、ダイニング、キッチンといろいろな場所から目に飛び込んでくる新鮮なグリーンの姿に、元気をもらっています。

鉢はキャスター付きのトレイにのせていて、日当たりや気分で簡単に移動させられます。トレイは鉢の下からあふれた水を引き出しに溜めてくれるので、水を捨てるのも簡単。週1、２の水やりが癒しの時間です。

身近にグリーンがあると、リラックスできるだけでなくアイデアも生まれやすくなるのだそう。生き物だから愛情も湧き、ほかの装飾がほしいとモノを増やす気が起きません。さらには「この子のためにも部屋をきれいに」と思わせてもくれて、いいことずくめです。

わが家に長期滞在した母はウンベラータを気に入って、こまめに水やりをしてくれました。どんどん成長して160cm以上に。映澤の鉢置き台は貯水トレイ付き。

10年以上愛用している北欧のジョウロはすぐ手に取れるように壁面収納に。ウンベラータの水やりは春から秋は週2回、冬は週1回でOK。

今日はこれ！

鉢植えをひとつ、選んでみませんか？　部屋に潤いが生まれます。

DAY 85 便利なサブスクを試してみる

私はAmazonの定期おトク便で恩恵を受けています。化粧品からサニタリー、食料品など、通常価格よりお安く配送してもらえる便利なサービス。プライム会員なので、今後「Prime try before you buy」も利用してみようと思います。靴やコートなど、実店舗より豊富なラインナップのなかから、最大4点の商品を配送してもらえるというもの。自宅で試着をして、必要なモノだけを購入してあとは返送。友人は「どれだけの時短になっているか！」と大絶賛。

そんな便利なサービスが多くなってきた昨今。サブスク*を利用することも増えてきました。

最近気になっているのは、洋服レンタルのサブスク。40代女性に多いお悩み、「今の自分に合う服がわからない」問題を解決してくれます。自分の写真や体形、好みから、スタイリストが月に1度3着～レンタルしてくれる「エアークローゼット」というサービスがあるそう。自分では選ばなかったであろう、似合う服を見つけてみたい。「もういいかな」と思えばすぐに止められるのもサブスクのよさ。気軽に試して暮らしをリフレッシュしたいと思っています。

サブスクなら複数のブランドやジャンルから
いろんなものを選べます。便利な時代になりました。

※サブスクリプションの略。定額で一定の期間、
サービスや商品を自由に利用できる仕組みのこと。

今日はこれ！

音楽、動画、服、家電、車に旅行まで！「いろいろ試してみたい」と思う分野があれば検索してみましょう。

DAY 86 粗大ごみを手放す

あまり使っていないモノが大半を占めている棚、収納の工夫次第で必要ないかもしれないタンス、布団生活に踏み出そうと思いつつ置いてあるベッドなど、大物の見直しは家のスッキリ度に大きく貢献します。

回収日に出すのが大変と尻込みしがちですが、自治体によってはネットで予約してクレジットカードで費用を払えるところも。他県の友人は有料で業者を呼び、軽トラいっぱい分の粗大ごみを一気に捨てられたのだそう。積める量ならどれほどでも料金均一だったとか。

ひとつでも大物が減らせれば、一気に家のなかの余白を取り戻し、気持ちのよい一角を手にすることに。「慣れてなんとも思わなくなっていたけれど、手放してみたらとても入りやすい部屋になった」「通りやすくなったことでそれまでのストレスに気づいた」という人もいます。大きい家具は動線にも関わるため、ひとつ手放しただけで生活の質が段違いに。

たとえば念のためにと収納にしまってある折り畳みのテーブルや、使われていないイスなども1捨てのよい候補ですね。「この大物はなくてもなんとかなりそう」という家具の目星をつけてみてください。

子どもの成長とともに不要になり、14年愛用したパタパタ扉の収納棚をついに粗大ごみへ。回収料金は1500円。

夫が昔使っていた巨大なアメリカ製のスーツケースが屋根裏部屋を大きく占めていたので粗大ごみへ。サイズの割に回収料金は200円と安め。

11年愛用した3人掛けのソファはカバーが汚れ、クッションがへたってしまったため手放しました。回収料金は1000円。

今日はこれ!

お住まいの自治体の粗大ごみを出す方法を調べてみましょう。意外と簡単かもしれません。

DAY 87 40代に手放すことで50代で手に入る

私の両親はアクティブな人ですが、高齢になるにつれ片付けが苦手になっているのを感じます。前ほど体が動かないという身体的な原因だけでなく、それらによる不安から「過去使っていたモノ」への思いが強くなり、手放すことには消極的になってきているような。

きっと、誰でも年を取ればそうなのでしょう。動けるうちは「また得ればいい」と思えることも、動けなくなるにつれ「いざというときなければ困る」度合いが増していく。

けれどやっぱりいくつになっても、手放すことで手に入ることは大きいと思うのです。場所が生まれ、管理の手間が省け、掃除や片付けもラクに。余白ができ、「今こそ必要なモノ」を手に入れられる。高齢になるほど、その大事さは増していきそうです。

20代から40代があっという間だったように、40代から70代もきっとあっという間なのでしょう。「子どもが巣立ったら片付けたい」と言わず、今こそ取り掛かるべきなのだと思います。子どもが大きくなっていく今こそ、モノではなく人のスペースを広くした方がいいですしね。

できるときにできることを
しておきたいですね。

今日はこれ！

「モノギッシリの棚を手放して素敵なサイドボードを置きたいな」など夢を描いて、その一歩を今踏み出しましょう。

DAY 88 余白ができると、生きる楽しみも増える

今、相撲観戦にドハマりしています。

相撲好きな祖父と母のおかげで、子どものころからテレビで観たり、地方巡業を観に行ったりで近しい存在ではありました。しばらく遠ざかっていたのですが、YouTubeで「二子山部屋 sumo food」を見始めてから再び興味津々に。

このチャンネルでは、主にちゃんこ鍋の調理過程や食べっぷりを存分に見ることができます。若い力士が多く、見ているうちに「この子たちを応援したい」という気持ちが湧き上がってくるのです。

動画配信サービスのABEMAを契約してからは、もうどっぷり。地上波のNHKでは幕内力士の取り組みしか放送しませんが、ABEMAでは朝9時のスタートから観られます。「そろそろ○○君の出番だな！」と画面をつけてスタンバイ。ときに飛び上がって、大声で応援！ 体と心が燃え上がって活性化し、ちっぽけなストレスが吹き飛んでいくのを感じます。まるで息子を応援するような熱い気持ち！

時間の余白ができたから得ることのできた、人生の楽しみ。これからもワクワクの毎日を送れそうです。

初めて行った巡業は川崎場所。カラフルなのぼり旗と太鼓の音色にワクワク。子どもたちは相撲に興味がなく、相撲好きの友人もいないのでおひとりさまで楽しんできました。

アリーナは満員御礼。土俵に近い升席で取り組みだけでなく、稽古もたっぷりと観ることができました。最後に推しの力士の宇良関にサインをもらい大満足。

今日はこれ！

“やりたいけどまだやってみていないこと”はありませんか？　余白をつくって一歩踏み出してみてください！

DAY 89　新しいことをひとつする

新年に今年の抱負を考えたときに、フッと浮かんだのが「1日にひとつ新しいことをやってみる」というものでした。ささいなことでいいのです。いつもとは違うレシピで料理をつくってみる、初めての道を通ってみる、本屋さんで普段見ないコーナーをのぞく、買ったことのない野菜を買う――などなど。これには、「久しぶりにやってみる」も含めます。

このマインドのおかげで、「相撲の巡業に行く」が叶いました。大好きだけれど行動に出られなかった、そんなことも実現化。さらには「普段行かないところに行ってみよう」も組み合わせて、少し遠い巡業地へ。おかげで、広すぎない会場で前の方の升席を取ることができました。大迫力！

普段はささいなことで、ときには子どもの「握力を鍛える」に「ママも」と便乗したり。朝思い浮かばなければ、無理して決めずに過ごしながら「これにしよう」と決める程度のゆるいもの。それでも、1日の楽しみ度が格段に上がりました。世界が、広がりました。起きているときが楽しみすぎて、寝ているのがもったいないくらいなのです。

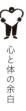

余白ができて得た楽しみ。

今日はこれ！

新しいことひとつ、実際にしてみましょう。しばらく使っていなかったアロマを焚く、のようなことでもOK。

DAY 90 手放すことで手に入る

「放てば手に満てり」という言葉があります。道元禅師が、「執着しているモノを手放せば、本当に大切なモノが手に入る」という意味で残した言葉。言われてみれば、両手いっぱいに何かを抱えた状態で、新たに生じた「今の自分に本当に必要なモノ」をつかむことはできません。

無自覚なまま、「過去必要だったモノ」に執着してはいないだろうかと、考えさせられる言葉です。

先日、11年愛用してきたソファを手放しました。大切に使ってきましたが、落ちないシミが増えてきて最終的にはソファカバーで隠しながら使っていました。いよいよ手放して新調しよう、と決意したときはやっぱり一抹のさみしさが。家族との思い出がたくさん詰まった、リビングの中心的存在でしたから。

そうして新しいソファがやってくると、予想以上にリビングの快適度が上がりました。座面が広くなり、シートの固さもぴったり。子どもたちも以前よりリビングにいる時間が長くなり、もっと早く手放しておけば！　と感じるのでした。過去に囚われてモノを手放さないことは、かえって損なのかもしれません。

楽天で購入したL字ソファは子どもたちのお気に入り。身長183cmの長男も横になって昼寝をすることができるサイズ。

冬は洗えるムートンラグを敷いてソファを暖かく。夕飯後にソファに座って子どもたちとあれこれ会話をする時間が一番幸せ。

今日はこれ!

今日も「1日1捨て」！　思いきって大きめなモノを手放してみよう。きっと何かいいことを得られます。

「余白」のある暮らしに通じる

禅の言葉

心身一如
（しんしんいちにょ）

松樹千年翠
（しょうじゅせんねんのみどり）

時時勤払拭
（じじにつとめてふっしきせよ）

壺中日月長
（こちゅうじつげつながし）

一行三昧
（いちぎょうざんまい）

心と体は一体で不可分。体は心によって動き、心は体に備わっているもの。どんなにちょっとした運動でも、始めてみればきっと心が前を向きます。心が前を向けば、体も動きます。

松は千年経っても緑の色を保つが、それを心に留める者はいないという意味。変化がないようでも、厳しい気候に順応し、微調整を繰り返し、変わらずにあることの尊さを説いています。

心は毎日磨かなければくもってしまう。同じように、生活のなかでもホコリが溜まらないように毎日掃除をすることが大切。毎日溜まるものは後回しにせず払う、その積み重ねが人生。

同じ壺のなかの世界でも、広いと感じる人もいれば、狭いと感じる人も。時が早いと感じる人もいれば、遅いと感じる人も。心のありようで世界は変わるんですね。

ひたすら座禅、瞑想、念仏を唱え真理を見出すこと。転じて、ひとつのことに専心することをいいます。先のこと、ほかの余計なことは気にしすぎず、今ここに集中しましょう。

固定観念に囚われることなく、自らが持って生まれたきれいな心で生きるためにあるのが、禅。「こうあるべきという先入観」「思い込みによる執着」「世間からの目」などで余白を埋められることのないよう、自分らしく暮らせる日々に向けた禅の言葉を集めました。

吾唯足知
（われただ、たるをしる）

明珠在掌
（みょうじゅたなごころにあり）

本来無一物
（ほんらいむいちもつ）

放てば手に満てり
（はなてばてにみてり）

日日是好日
（にちにちこれこうじつ）

「知足（ちそく）」とも。貧しいというのは持っていないことではなく、多くを持ちながら「まだほしい」と思うこと。持っているもので十分に足りていると気づくということです。

明珠とは宝物のことで、本当に大切なものはもう手のなかにありますよという意味です。人と比較しすぎて自分の手元を見失っていませんか？　必ず、すばらしいものを持っているはず。

人は何も持たずに生まれてくるのに、物欲や承認欲求などに囚われて心を惑わされてしまいます。事物はすべて空（くう）であり、本来何もないのだから、ありのままの自分で生きましょう。

執着を手放せば、本当に大切な〝本来の心〟を手に入れることができる。モノも同様だと解釈しています。余計なモノを手放せば、今本当に必要なモノを手に入れることができる。

雨でも晴れでも、何かにとっては恵まれたよい日。そう捉えて、毎日を大切に生きていくこと。心がけ次第で、毎日を好日にすることができるという教えです。

おわりに

空間、家事、時間、そして心と体――。ぎゅうぎゅうにするのはやめて、余白を持つことのよさをお話ししてきました。こうして本にまとめてみて、改めて思うのは、「暮らしは楽しむためにある」ということです。

すべてのことは、楽しい、快い、自由、幸せ、のために。

こういった本当にほしいことは、モノや執着を手放すことでやってきました。

余白を得たことで、今の私は何かに追われることなく、思う存分「今」を味わい、愛でることができています。それは、理想に描いていた暮らしそのもの。

そしてこれからの理想も、どんどん実現に近づいているのを感じます。本編でも触れましたが、私の夢は「子どもたちが巣立ったら多拠点生活をする」ということ。住みたい場所はほぼ定まり、今いる横浜を本拠地として、夏は山形、冬は沖縄の北部に移るつもりです。

モノを減らしたことで引っ越しは身軽です。「行け！」と言われたら明日にでも引っ越せる自信があるくらい。チャンスはいつ来るかわからないから、「今だ！」にサッと対応できる状態でいることはとても大切だと感じています。どこにいても、私らしくいるために余白を持ち、暮らしを楽しんでいきたいと思っています。

この本を読んでくださった方に少しでも余白が生まれ、望むような暮らしを手に入れていただけますように。

みしぇる

みしぇる

1978年、山形県の禅寺に生まれる。関西外国語大学卒業後、24歳で国際結婚。夫の転勤により、ハワイ、神奈川県葉山町、カリフォルニアなどで暮らす。18歳の長男、16歳の長女、13歳の次男がいて、現在は神奈川県横浜市在住。月間約100万PVを有するAmebaブログでは、ゆるミニマリストとしてのライフスタイルを紹介している。著書に『1日1つ、手放すだけ。好きなモノとスッキリ暮らす』(マイナビ出版)、『毎日すっきり暮らすためのわたしの家事時間』(エクスナレッジ)などがある。

Amebaブログ「いい気分」のある暮らし
Feeling Good Life
https://ameblo.jp/happymichelle24/
Instagram @ura_ura_days

デザイン　葉田いづみ
イラスト　ヤマグチカヨ
DTP　五十嵐好明(LUNATIC)
撮影　みしぇる
取材・文　矢島 史
校閲　小学館クリエイティブ校閲室
企画・編集　田辺一美
(小学館クリエイティブ)

90日で手に入れる
「余白」のある暮らしのつくり方

2024年 9 月 3 日　初版第1刷発行
2024年11月12日　初版第3刷発行

著　者　みしぇる
発行者　尾和みゆき
発行所　株式会社小学館クリエイティブ
〒101-0051
東京都千代田区神田神保町2-14
SP神保町ビル
電話0120-70-3761
(マーケティング部)
発売元　株式会社小学館
〒101-8001
東京都千代田区一ツ橋2-3-1
電話03-5281-3555(販売)
印刷・製本　中央精版印刷株式会社

ISBN 978-4-7780-3637-9